基于大数据的市场营销策略与模式创新研究

张凤久　著

吉林出版集团股份有限公司
全国百佳图书出版单位

图书在版编目（CIP）数据

基于大数据的市场营销策略与模式创新研究 / 张凤
久著. -- 长春：吉林出版集团股份有限公司，2024.8.
ISBN 978-7-5731-5451-4

Ⅰ. F713.50-39

中国国家版本馆 CIP 数据核字第 2024VD2699 号

JIYU DASHUJU DE SHICHANG YINGXIAO CELÜE YU MOSHI CHUANGXIN YANJIU

基于大数据的市场营销策略与模式创新研究

著　　者	张凤久	
责任编辑	杨亚仙	
装帧设计	万典文化	

出　　版	吉林出版集团股份有限公司
发　　行	吉林出版集团社科图书有限公司
地　　址	吉林省长春市南关区福祉大路 5788 号　邮编：130118
印　　刷	长春新华印刷集团有限公司
电　　话	0431-81629711 (总编办)
抖 音 号	吉林出版集团社科图书有限公司 37009026326

开　　本	787mm×1092mm　1/16
印　　张	7.5
字　　数	120 千字
插　　图	12 幅
版　　次	2025 年 3 月第 1 版
印　　次	2025 年 3 月第 1 次印刷

书　　号	ISBN 978-7-5731-5451-4
定　　价	36.00 元

如有印装质量问题，请与市场营销中心联系调换。

PREFACE 前 言

传统的市场营销往往依赖于有限的市场调研数据和客户反馈，而大数据技术的兴起让企业可以从更广泛的数据来源中获取信息，包括社交媒体、移动应用、在线购物等，这为市场营销提供了更加全面和真实的数据基础。通过大数据分析技术，企业可以更好地理解消费者行为、偏好和需求，实现精准营销。例如，通过用户数据分析，企业可以识别出不同用户群体的特征和行为模式，从而针对性地进行营销活动，提高营销效率和转化率。大数据技术可以帮助企业实现对用户的精准定位和个性化推荐，从而提升用户体验和忠诚度。通过分析用户的历史行为和偏好，企业可以向用户提供个性化的产品推荐、定制化的营销活动，增强用户的购买欲望和满意度。传统的市场营销往往是一种单向的推送模式，而基于大数据的市场营销更加注重与用户的互动和参与，采用更加灵活和多样化的营销模式，如内容营销、社交营销、用户生成内容等，从而实现更加有效的品牌传播和营销效果。

本书系统性地探讨了大数据在市场营销领域的应用与创新。大数据时代的来临，为市场营销带来了全新的机遇与挑战。本书旨在深入研究大数据如何驱动市场营销策略的制定与模式的创新，以及如何利用数据分析来提升市场竞争力。本书分为七章，每章均围绕大数据与市场营销的主题展开讨论。首先，通过理论基础的建立，探索大数据在市场营销中的重要性与应用潜力。接着，深入剖析大数据在消费者行为分析、个性化营销、社交媒体营销等方面的具体应用，每方面均配以企业案例，生动展现理论与实践相结合的情形。本书适用于市场营销从业者、数据分析师、学者研究人员等群体。对于市场营销领域的实践者，本书可为其提供全面的大数据应用案例与策略指导；对于学术界的研究者，本书可为其提供丰富的理论参考与实证研究范例。

笔者在写作本书的过程中，借鉴了许多前辈的研究成果，在此表示衷心的感谢。由于本书需要探究的层面比较深，对一些相关问题的研究可能不透彻，加之写作时间仓促，书中难免存在一定的疏漏之处，恳请前辈、同行以及广大读者斧正。

CONTENTS

目 录

第一章 大数据驱动市场营销的理论基础

第一节 大数据在市场营销中的重要性分析

一、客户洞察与细分

（一）客户观察

随着信息技术的迅速发展，企业要收集比以往任何时候都要多和详细的客户数据。这些数据不仅包括传统的购买历史和客户基本信息，还包括在线活动、社交媒体行为、移动应用使用情况等。通过分析这些海量数据，企业可以获得深入的客户洞察，从而更好地了解客户的需求、偏好和行为模式。大数据使企业能够更全面地了解客户。传统的市场调研方法只能提供有限的样本数据，大数据则能够覆盖更广泛的客户群体，从而提供更具代表性和全面性的洞察。通过分析大数据，企业可以发现客户群体中的细微差异和共同特征，从而更好地理解不同客户群体的需求和偏好。

（二）细分市场

大数据可以帮助企业更准确地细分市场。传统的市场细分方法可能基于一些基本的客户特征，如年龄、性别、地理位置等。然而，大数据分析可以基于更多更复杂的因素，如购买行为、在线活动等，将客户群体划分为更具有代表性和精确性的细分市场。这种精细的市场细分有助于企业更有针对性地制定营销策略，提高营销效率和效果。大数据还可以帮助企业更好地识别和利用高价值客户。通过分析客户数据，企业可以识别出那些具有潜在高价值的客户群体，从而针对性地开展营销活动，提高这些客户的忠诚度和购买频率。例如，企业可以通过分析客户的购买历史、浏览记录和社交媒体互动，发现那些对品牌有较高忠诚度、购买力强的客户，并向他们推送个性化的营销信息，从而提高转化率，增加销售额。

二、实时决策和优化

（一）实时监控和反馈

实时监控和反馈在现代市场营销中扮演着至关重要的角色，而大数据技术的应用则使这一过程变得更加高效和精确。通过实时监控营销活动的效果，企业可以及时了解市场反馈，发现问题并调整策略，同时也能抓住机会，提升营销效果。实时监控能够帮助企业快速发现问题。在传统的市场营销中，企业往往需要等待一段时间才能收集到反馈数据，然后才能进行分析和调整。而有了大数据技术，企业可以实时监测营销活动的效果，及时发现潜在的问题和挑战。比如，企业可以利用社交媒体分析工具实时监测品牌在社交媒体上的提及量、评论和反馈，从而快速了解市场对其营销活动的反应。如果发现负面反馈或者低效果，企业可以迅速做出调整，避免损失进一步扩大。实时监控也能帮助企业抓住机会。市场变化迅速，时机对于营销活动的成功至关重要。有了大数据技术，企业可以及时获取市场反馈，发现潜在的机会并迅速行动。例如，如果某一营销活动在社交媒体上引起了积极的反响，企业可以立即加大投放力度，进一步扩大活动影响范围，从而提升品牌曝光度和市场份额。实时监控也有助于提高营销活动的效率和 ROI（Return On Investment，投资回报率）。通过及时了解市场反馈，企业可以做出更精准的调整，提升活动的效果和转化率。例如，如果某一广告投放渠道的效果较差，企业可以及时停止投放或者调整投放策略，从而避免资源的浪费，提高 ROI。

（二）快速响应客户需求

快速响应客户需求在当今竞争激烈的市场环境中是至关重要的，而大数据技术的应用为企业实现快速响应提供了有效的手段。通过实时监控社交媒体上的反馈和评论，企业可以迅速识别客户的需求和投诉，并采取相应措施，以改善客户体验、提升客户满意度，并最终增强品牌形象。大数据技术使得企业能够实时了解客户的反馈和评论。在过去，企业可能需要花费大量时间和人力资源来收集、整理和分析客户反馈信息，而大数据技术的应用则能够实现实时监控，快速获取客户的反馈数据。通过社交媒体分析工具等技术，企业可以即时了解客户在社交媒体上发布的评论、投诉和建议，从而及时回应客户需求。

大数据技术使得企业能够快速响应客户需求。一旦发现客户的投诉或需求，企业可以立即采取行动，通过社交媒体平台或其他途径与客户取得联系，并提供解决方案或回应。这种快速响应能力可以提升客户体验，增强客户对品牌的信任和忠诚度。快速响应客户需求的重要性不仅在于提升客户满意度，还在于避免负面口碑对品牌形象的影响。在当今社交媒体时代，消费者的投诉和评论可以迅速在网络上传播，一条负面评论或投诉可能会对品牌形象造成长期甚至不可逆转的影响。通过快速响应客户需求，企业可以及时解决问题，避免负面口碑的扩散，保护品牌形象和声誉。

（三）优化营销策略

优化营销策略是每个企业都需要不断努力的重要任务之一，而实时数据分析的应用为企业实现动态调整营销策略提供了关键支持。通过实时监测和分析各项营销活动的数据指标，企业可以及时发现问题和机会，以提高营销效果、优化资源利用，并最终增强市场竞争力。实时数据分析使得企业能够更加精准地评估广告效果。传统的广告评估往往需要等待一段时间才能获取结果，而有了实时数据分析，企业可以即时了解广告的点击率、转化率等关键指标，从而及时评估广告的效果。如果某个广告的效果不佳，企业可以立即进行调整，修改广告内容、调整投放时间或者优化受众定位，以确保广告预算的精准使用，提高广告的投资回报率。

实时数据分析也有助于优化促销活动和产品定价策略。通过实时监测促销活动的效果，企业可以及时了解促销活动的参与情况、销售情况等数据，从而调整促销策略，提高促销活动的效果和转化率。同时，企业还可以根据实时市场数据调整产品定价策略，根据市场需求和竞争情况灵活定价，以提高产品的竞争力和销售额。实时数据分析在优化营销策略中的重要性不言而喻。大数据技术的应用使得实时数据分析变得更加高效和精确，为企业优化营销策略提供了有力支持。

（四）提升运营效率

提升运营效率是企业在竞争激烈的市场中取得成功的关键之一，而实时决策和优化使得企业能够在变化迅速的市场环境中保持敏捷和高效。特别是在零售行业，实时数据分析可以帮助企业及时调整库存和供应链管理，优化店铺布局和员工调度，从而提高运营效率和客户服务水平，满足市场需求。实时销售数据分析可以帮助零售企业及时调整库存和供应链管理。通过实时监测销售数据，企业可以了解哪些产品是热门的。哪些是滞销的，从而及时调整库存策略，确保热门产品充足供应，避免因为断货而损失销售机会，同时也可以减少积压而造成的资金浪费。此外，实时数据分析还可以帮助企业优化供应链管理，及时调整采购计划，降低库存成本，提高资金利用效率。实时数据分析可以帮助企业优化店铺布局和员工调度，提高运营效率和客户服务水平。通过实时监测客流量和销售数据，企业可以了解客户的行为和偏好，从而调整店铺布局，将热门产品放置在更易触及的位置，提高销售效率。同时，实时数据分析还可以帮助企业根据客流量和销售情况进行员工调度，合理安排员工的工作时间和岗位，确保在高峰时段有足够的员工服务客户，提升客户满意度和购物体验。实时决策和优化的重要性在于能够帮助企业及时应对市场变化，提高运营效率和灵活性。

三、预测分析

（一）市场趋势预测

通过分析历史销售数据、市场动态以及宏观经济指标，企业可以更准确地预测未来的市场趋势，识别行业的增长方向、季节性销售模式以及潜在的新兴市场。通过分析历史销售数据，企业可以识别季节性销售模式。不同产品在不同季节或假日期间的销售需求往往会有所不同。通过分析过去几年的销售数据，企业可以发现产品的季节性销售规律，从而预测未来哪些产品在特定季节或假日期间会有更高的需求。例如，冬季可能是冬衣和暖器的销售旺季，而夏季可能是凉鞋和游泳装的销售旺季。有了这些预测，企业可以提前备货，合理安排促销活动，以满足客户需求并提高销售额。

通过分析市场动态和宏观经济指标，企业可以预测行业的增长方向和潜在的新兴市场。市场环境和宏观经济状况对企业的销售和发展有着重要影响。例如，随着人们生活水平的提高和消费习惯的变化，新兴的健康食品市场可能会呈现出快速增长的趋势。通过及时把握这些市场机会，企业可以在竞争中保持优势，实现业务的持续增长。大数据在市场趋势预测中扮演着至关重要的角色。随着信息技术的发展，企业可以收集到大量的销售数据、市场数据以及宏观经济数据。通过利用大数据分析技术，企业可以从海量数据中提取有价值的信息，发现隐藏的规律和趋势，从而更准确地预测未来的市场走向。这为企业制定合理的市场营销策略和资源配置提供了重要参考，帮助企业在竞争中保持敏捷和灵活。

（二）客户行为预测

客户行为预测在现代市场营销中扮演着至关重要的角色，而大数据分析技术的应用使得企业能够更准确地预测客户的购买行为和偏好。通过分析客户的历史购买记录、浏览行为以及社交媒体互动等数据，企业可以深入了解客户的需求和行为模式，从而提供个性化的服务和定制化的营销策略，提高客户满意度和忠诚度，增强市场竞争力。大数据分析可以帮助企业预测客户的购买倾向。通过分析客户的历史购买记录和浏览行为，企业可以发现客户的偏好和兴趣，从而预测其未来的购买倾向。例如，如果某个客户经常购买运动鞋和运动服装，企业可以推测该客户对健身和运动有较高的兴趣，进而向其推荐相关的健身器材或健康食品，提高转化率和销售额。

大数据分析可以帮助企业实现个性化的营销和服务。通过分析客户的购买行为和偏好，企业可以为每个客户量身定制个性化的营销策略，提供符合其需求和兴趣的产品和服务。例如，电商平台可以根据客户的浏览历史和购买记录，向其推荐相关的产品和优惠信息，提高客户的购买满意度和忠诚度。同时，企业还可以通过社交媒体等渠道与客户进行互动，了解其实时的需求和反馈，及时调整营销策略，提高客户满意度和品牌认知度。大数据在客户行为预测中的应用对于企业具有重要意义。这不仅有助于提高客户满意度和忠诚度，还能够增强市场竞争力，实现长期可持续发展。

（三）需求变化预测

需求变化预测对企业制定有效的产品和服务策略至关重要，而大数据分析技术的应用使得企业能够更加准确地预测市场需求的变化趋势。通过分析市场数据、客户反馈以及其他相关信息，企业可以及时了解市场的动态，预测哪些产品或服务会在未来受到欢迎，从而及时调整生产计划和营销策略，满足客户需求，提高市场竞争力。大数据分析可以帮助企业识别市场需求的变化趋势。随着消费者生活方式和偏好的不断变化，市场需求也在不断发生变化。企业可以发现市场需求的变化规律和趋势，从而预测未来哪些产品或服务会受到欢迎。例如，随着人们健康意识的提高，健康食品和有机产品的需求可能会逐渐增加；随着科技的发展，智能家居产品和虚拟现实设备的需求可能会迅速增长。企业可以及时调整产品研发和生产计划，推出符合市场需求的新产品，抢占市场先机。通过分析客户反馈和行为数据，企业可以了解客户的偏好和需求，从而调整营销策略，提供更个性化、更符合客户需求的产品和服务。例如，通过分析社交媒体上的客户反馈和评论，企业可以了解客户对产品的评价和意见，从而及时调整产品设计和功能，提高产品的市场竞争力。

第二节　市场营销决策中的数据收集与分析方法

一、市场营销决策中的数据收集方法

（一）问卷调查（Surveys）

问卷调查是市场营销决策中常用的一种数据收集方法，它通过向目标受众发送问卷来获取他们的意见和反馈。在市场营销中，了解消费者的需求、偏好和态度对于制定有效的营销策略至关重要。因此，问卷调查作为一种收集定量数据的手段，被广泛应用于市场研究和数据分析领域。问卷调查的优点之一是覆盖面广。通过在线调查平台、电话调查、面对面访谈等方式，可以覆盖到各种不同地区、不同背景的受众群体，从而收集到大量的样本数据。这些数据可以代表整个受众群体的意见和观点，为市场营销决策提供有力支持。问卷调查能够收集大量的样本数据，这为数据分析提供了支持。通过对问卷数据进行统计分析和建模，可以深入了解受众的行为模式、购买偏好、产品满意度等关键指标。这些数据分析结果可以帮助市场营销人员更好地了解市场趋势，优化产品设计和营销活动，提升市场竞争力。然而，问卷调查也存在一些缺点。其中之一是可能存在响应偏差。由于受众的主观意愿和态度，以及调查设计和问题设置的不完善，有时候会导致部分受众对问题的回答不真实或不准确，从而影响数据的可靠性和有效性。设计和实施问卷调查需要投入一定的时间和成本。在设计问卷时，需要考虑问题的准确性、清晰度和逻辑性，确保能够获取有效的数据。在实施过程中，还需要投入人力、物力进行问卷分发、数据收集和整理工作。因此，问卷调查并非一项简单的任务，需要综合考虑时间、成本和效益等因素。

（二）焦点小组（Focus Groups）

1. 优点

焦点小组作为一种定性研究方法，在市场营销决策中扮演着重要的角色。它通过小组讨论的形式，收集参与者的深度见解，有助于深入了解消费者的态度、感受和动机，从而为市场营销策略的制定提供有益参考。焦点小组的优点之一是能够深入了解消费者的态度、感受和动机。相比于量化研究方法，如问卷调查，焦点小组能够提供更加丰富和深入的信息。在小组讨论中，参与者可以自由交流和表达自己的看法，从而揭示隐藏在他们心中的真实想法和感受。这些深度见解可以帮助市场营销人员更好地理解消费者的需求和偏好，为产品设计和营销活动提供有针对性的建议。焦点小组的参与者通常是经过精心筛选的，他们代表着目标受众群体的一部分。通过小组讨论，可以收集到质量较高的数据，而且这些数据具有一定的代表性。

2. 缺点

焦点小组也存在一些缺点。其中之一是样本量小，不具代表性。由于参与者数量有限，他们的意见和观点可能不能代表整个受众群体的声音。因此，在解释和应用焦点小组数据时，需要谨慎对待，避免过度推广和泛化。另一个缺点是容易受主持人引导的影响。在焦点小组讨论中，主持人的角色至关重要，他们的提问和引导会直接影响参与者的回答和讨论方向。如果主持人的态度和观点对讨论产生了过大的影响，可能会导致数据的偏差和失真。因此，在设计和实施焦点小组时，需要选择合适的主持人，并确保他们能够客观中立地引导讨论，不对参与者产生过多的影响。

（三）深度访谈（In-depth Interviews）

深度访谈作为一种定性研究方法，在市场营销决策中也发挥着重要的作用。它通过与受访者进行一对一的详细对话，获取他们对特定主题的深入见解，有助于获取详细、深层次的信息，特别适用于复杂问题的探讨。深度访谈的优点之一是能够获取详细、深层次的信息。相比于焦点小组等定性研究方法，深度访谈更加注重个体的观点和经历。在一对一的对话中，受访者可以更加自由地表达自己的想法和感受，不受其他参与者的影响，从而可以提供更加真实和深入的信息。这些详细的信息可以帮助市场营销人员更好地了解消费者的需求和偏好，为产品设计和营销策略的制定提供有价值的参考。在市场营销决策中，有些问题可能比较复杂，涉及消费者的心理、态度和行为等多个方面。通过深度访谈，可以与受访者进行更加深入和细致的探讨，揭示出隐藏在他们心中的真实想法和动机。这有助于市场营销人员更好地理解市场需求和趋势，制定更加精准和有效的营销策略。

深度访谈的缺点是耗时耗力。与焦点小组相比，深度访谈通常需要更长的时间来进行，因为每个受访者都需要进行一对一的对话，而且对话的内容通常比较详细和深入。这就需要投入大量的时间和精力来进行访谈和数据分析，增加了研究的成本和复杂度。由于深度访谈需要与每个受访者进行一对一的对话，因此难以像问卷调查那样大规模实施。这就限制了样本量的大小，使得深度访谈在代表性和普适性上存在一定的局限性。因此，在设计和实施深度访谈时，需要谨慎考虑样本选择和数据分析方法，以尽量减小偏差和失真。

（四）观察法（Observational Research）

观察法是市场营销决策中常用的一种数据收集方法，通过观察消费者的行为和互动来获取数据。这种方法可以现场观察，也可以通过录像等技术手段进行。观察法的优点在于能够获取真实、自然的行为数据，但同时也存在着数据解释复杂和观察者会对行为产生影响的缺点。观察法能够获取真实、自然的行为数据。与问卷调查或访谈不同，观察法不依赖受访者的回忆或主观表达，而是直接观察他们在真实环境中的行为和互动。这种数据更加客观和准确，能够反映出消费者的实际行为模式和偏好，为市场营销决策提供更加可靠的依据。观察法可以提供丰富的数据维度。通过观察消费者的行为，可以获取到大量的信息，包括他们的购买行为、产品使用方式、店内活动轨迹等。这些数据可以帮助市场营销人员更全面地了解消费者的需求和偏好，为产品设计、促销活动和店铺布局提供有益参考。观察法数据解释较为复杂。与问卷调查等方法相比，观察法获取到的数据通常比较复杂，需要进行细致分析和解读。观察者需要分析消费者行为背后的动机和意义，从中挖掘有用的信息，这需要一定的专业知识和经验。在观察过程中，观察者的存在和行为可能会影响到被观察者的行为表现，从而导致数据的失真。为了减小这种影响，观察者通常需要保持低调和客观，尽量不对被观察者产生干扰，确保观察到的行为是真实反映。

二、市场营销决策中的数据分析方法

（一）描述性分析（Descriptive Analysis）

描述性分析是市场营销决策中常用的一种数据分析方法，它主要用于对数据进行描述和总结，以便更好地理解数据的基本特征和趋势。描述性分析包括统计指标和图表展示两个方面，通过这些手段可以直观地呈现数据的分布、变化和关系，为市场营销人员提供有益的信息和洞见。描述性分析通过统计指标对数据进行描述和总结。常用的统计指标包括平均值、中位数、标准差、最大值、最小值等。这些指标可以帮助市场营销人员了解数据的集中趋势、变异程度和分布范围，从而对市场形势和消费者行为有更深入的理解。例如，通过计算产品的平均销售额和标准差，可以了解产品销售的稳定性和波动程度，为制定库存管理和市场推广策略提供参考。描述性分析通过图表展示直观呈现数据的特征和趋势。常用的图表包括直方图、饼图、柱状图、折线图等。这些图表可以清晰地展示数据的分布、比例和变化，帮助市场营销人员发现数据中的规律和趋势。例如，通过绘制产品销售量的柱状图和折线图，可以直观地了解产品销售的季节性变化和趋势，为制定季节性促销活动提供参考。

描述性分析可以帮助市场营销人员更全面地了解市场和消费者。通过分析市场数据和消费者行为，可以发现市场需求、竞争格局和产品定位等方面的信息，为制定市场营销策略提供依据。描述性分析可以帮助市场营销人员监测市场变化和趋势。通过定期分析和监测市场数据，可以及时发现市场的变化和趋势，保持竞争优势。然而，描述性分析也存在一些局限性。它只能对数据进行描述和总结，无法深入分析数据背后的原因和机制。因此，在应用描述性分析结果时，需要结合其他数据分析方法，如因果分析和预测分析，以更全面地理解市场和消费者行为。描述性分析只能提供数据的表面信息，无法发现数据之间的复杂关系和隐藏规律。因此，在进行描述性分析时，需要注意不要过于依赖统计指标和图表展示，要结合实际情况和专业知识进行深入分析和判断。

（二）预测性分析（Predictive Analysis）

预测性分析是一种强大的数据分析方法，在市场营销决策中扮演着至关重要的角色。它通过对历史数据和趋势进行建模和分析，以预测未来的市场走向、产品需求等。预测性分析常用的技术包括时间序列分析、回归分析、机器学习算法等，这些技术能够帮助市场营销人员更准确地预测市场需求、优化产品定价和促销策略，提升企业竞争力。

1. 时间序列分析

时间序列分析是预测性分析中常用的一种方法。它通过分析历史数据的时间序列模式，预测未来的市场趋势和变化。时间序列分析常用的技术包括移动平均、指数平滑、季节性分解等。这些技术能够帮助市场营销人员发现数据的周期性和趋势性，为未来的市场预测提供依据。例如，通过时间序列分析，可以预测产品销售量在不同季节和时间段的变化趋势，从而制定更加有效的促销活动和库存管理策略。

2. 回归分析

回归分析通过建立数学模型来描述变量之间的关系，并利用历史数据来预测未来的结果。回归分析常用的技术包括线性回归、多元回归、逻辑回归等。这些技术能够帮助市场营销人员发现影响产品销售的关键因素和变量。

3. 机器学习算法

从而预测产品销售量、市场份额等指标的变化趋势。例如，通过回归分析，可以确定产品销售量与价格、广告投入、竞争对手等因素之间的关系，为制定定价和促销策略提供依据。机器学习算法能够从数据中学习和发现规律，进而预测未来的结果。常用的机器学习算法包括决策树、随机森林、神经网络等。这些算法能够处理大量的复杂数据，并提取有用的特征和模式，为市场营销人员提供更准确和可靠的预测结果。例如，通过机器学习算法，可以预测客户的购买行为和偏好，从而个性化推荐产品和服务，提升客户满意度和忠诚度。

（三）因果分析（Causal Analysis）

因果分析是市场营销决策中重要的数据分析方法，旨在确定某些变量对其他变量的影响，以了解市场营销活动对销售、品牌认知等指标的影响程度。因果分析常用的方法包括实验设计、因果推断和相关性分析，这些方法能够帮助市场营销人员深入了解市场动态，有效评估营销活动的效果，从而优化决策。实验设计是因果分析中常用的一种方法。实验设计通过控制变量和随机分组的方式，来确定因果关系。例如，可以通过 A/B 测试（A/B 测试是一种新兴的网页优化方法，可以用于增加转化率、注册率等网页指标）来评估不同广告策略对销售额的影响，从而确定哪种广告策略更有效。

因果推断是因果分析的另一种重要方法。因果推断通过统计学方法和模型建立来推断因果关系。常用的因果推断方法包括倾向得分匹配、断点回归等。倾向得分匹配通过将接受干预的受试对象与未接受干预的受试对象进行匹配，来估计干预的效果。例如，可以通过因果推断来评估广告投放对品牌认知的影响，从而确定广告投放对品牌认知的贡献度。相关性分析也是因果分析中常用的一种方法。相关性分析通过分析变量之间的相关性来推断因果关系。常用的相关性分析方法包括皮尔逊相关系数、斯皮尔曼相关系数等。这些方法能够帮助市场营销人员发现变量之间的相关性，并初步判断因果关系。例如，可以通过分析来评估广告投放和销售额之间的相关性，从而初步判断广告投放对销售额的影响。

（四）群体分析（Group Analysis）

群体分析是市场营销中一种重要的数据分析方法，旨在将市场细分为具有相似特征或需求的不同群体，以便更好地定位目标市场和开展个性化营销。这种方法能够帮助企业更好地了解消费者，并根据不同群体的需求和特征制定针对性的营销策略。常用的群体分析方法包括聚类分析、因子分析和决策树分析等。聚类分析是群体分析中常用的一种方法。它通过对消费者的特征和行为进行聚类，将具有相似特征的消费者归为同一群体。聚类分析通常基于消费者的属性、偏好、行为等因素进行分析，从而发现潜在的市场细分。例如，通过聚类分析，可以将消费者根据其购买行为和偏好划分为价值导向型、品牌导向型、功能导向型等不同群体，为制定针对性的营销策略提供依据。

因子分析也是一种常用的群体分析方法。它通过分析多个相关变量之间的关系，发现潜在的共性因子，并将消费者归为具有相似特征的群体。因子分析通常用于降维和发现变量之间的潜在结构，从而更好地理解消费者的需求和行为。例如，通过因子分析，可以发现消费者购买行为背后的共同因素，如价格敏感度、品牌偏好等，为市场细分和定位提供依据。决策树分析也是一种常用的群体分析方法。它通过构建决策树模型来发现不同消费者群体之间的差异和关系。决策树分析通常基于消费者的属性、偏好、行为等因素，并根据这些因素构建决策树模型，从而帮助企业更好地理解不同群体的需求和特征。例如，通过决策树分析，可以发现不同消费者群体之间购买决策的关键因素和路径，为个性化营销和定价策略提供指导。

第三节　大数据技术在市场营销中的应用案例

一、实时营销（Real-time Marketing）

实时营销是一种利用大数据技术，通过实时监测消费者行为和市场趋势，并快速做出反应的市场营销策略。它的核心思想是根据实时数据和趋势调整营销活动，以更好地满足消费者的需求，提高品牌曝光和关注度。实时营销在数字化时代具有重要意义，可以帮助企业更灵活、更精准地进行营销活动，与消费者建立更紧密的联系。大数据技术可以帮助企业收集、存储和分析海量的数据，包括消费者的在线行为、社交媒体上的互动、市场趋势等。通过实时处理和分析这些数据，企业可以及时了解消费者的需求和偏好，发现市场的变化和趋势，从而及时调整营销策略，提高营销效果。举例来说，社交媒体是实时营销的重要平台之一。通过实时监测社交媒体上的热门话题和趋势，企业可以了解消费者的关注点和兴趣，及时把握市场动态。例如，当某一话题突然成为社交媒体上的热门话题时，企业可以立即推出与之相关的广告或内容，吸引消费者的关注。这种实时响应的营销策略能够更好地抓住消费者的注意力。除了社交媒体外，实时营销还可以应用于其他数字化渠道，如搜索引擎、电子邮件、移动应用等。通过实时监测消费者的搜索行为、电子邮件开启率、移动应用使用情况等数据，企业可以了解消费者的兴趣和行为习惯，为个性化营销提供依据。例如，当消费者在搜索引擎上搜索某一产品或服务时，企业可以通过广告投放等方式及时向其推荐相关产品或服务。

二、跨渠道整合营销（Omni-channel Marketing）

跨渠道整合营销是一种将线上渠道、线下渠道和移动应用等多个营销渠道进行无缝整合的市场营销策略。大数据技术在跨渠道整合营销中发挥着关键作用，它可以帮助企业收集、整合和分析跨渠道的大量数据，了解消费者在不同渠道上的行为和购买路径，从而优化营销策略，提升用户体验和转化率。大数据技术可以帮助企业实现跨渠道数据的无缝整合。通过收集线上渠道、线下渠道和移动应用等多个渠道的数据，企业可以建立一个统一的数据平台，将不同渠道的数据进行整合和分析。这样一来，企业就可以更全面地了解消费者在不同渠道上的行为和偏好，为制定跨渠道营销策略提供依据。

大数据技术可以帮助企业分析跨渠道数据，发现消费者的购买路径和行为模式。通过数据挖掘、机器学习等技术，企业可以分析消费者在不同渠道上的行为轨迹，了解用户是如何从线上渠道转化到线下渠道，或者从移动应用转化到线上渠道的。这样一来，企业就可以优化跨渠道的营销策略，提高用户的转化率和购买意愿。举例来说，一家零售企业通过大数据技术分析跨渠道数据，发现了消费者的购买路径。大部分消费者在移动应用上浏览产品信息，然后到线下实体店进行试穿或体验，最终在线上渠道完成购买。基于这一发现，企业可以通过移动应用提供优惠券或促销信息，吸引消费者到实体店体验产品，从而提高线上渠道的转化率和销售额。大数据技术还可以帮助企业进行跨渠道的个性化营销。通过分析消费者在不同渠道上的行为和偏好，企业可以为他们提供个性化的营销内容和推荐产品，提高用户的参与度和购买意愿。例如，一家电商企业可以根据用户在移动应用和线上渠道的购买历史和浏览行为，向他们推荐相关产品或促销活动，从而提高用户的购买率和满意度。

第二章　大数据挖掘与消费者行为分析

第一节　大数据挖掘技术及其在市场营销中的应用

一、大数据挖掘技术

大数据挖掘技术是指利用大数据技术和数据挖掘算法来发现数据中的潜在模式、关联、趋势和规律的过程。这一过程通过对海量数据的分析和处理，揭示数据背后隐藏的有价值的信息，为企业的业务决策提供支持和指导。在数字化时代，企业面临着日益增长的数据量和复杂性，而大数据挖掘技术的应用使得企业能够更好地利用这些数据资源。大数据挖掘技术可以帮助企业发现潜在的模式和关联。通过对海量数据的分析，数据挖掘算法可以识别数据中的模式和关联规律，揭示数据之间的内在联系。例如，零售企业可以利用大数据挖掘技术分析顾客购买记录，发现不同产品之间的购买关联，从而优化产品搭配和促销策略，提高销售额和客户满意度。大数据挖掘技术可以帮助企业预测未来的趋势和规律。通过对历史数据的分析，结合数据挖掘算法，企业可以发现数据中的趋势和规律，并进行未来趋势的预测。例如，金融机构可以利用大数据挖掘技术分析市场数据和经济指标，预测未来的股票走势和金融市场的变化，从而调整投资组合，降低风险，提高收益。

大数据挖掘技术还可以帮助企业发现数据中的异常情况。通过对数据的监测和分析，企业可以及时发现数据中的异常情况，如欺诈行为、异常交易等，并采取相应的措施加以应对。例如，保险公司可以利用大数据挖掘技术监测保单数据，发现异常索赔行为，从而及时调查和处理，减少损失。大数据挖掘技术还可以帮助企业提高效率和优化业务流程。通过对数据的分析和挖掘，企业可以发现业务流程中的瓶颈和优化空间，从而进行业务流程的优化和改进，提高工作效率和生产效率。例如，制造企业可以利用大数据挖掘技术分析生产数据，发现生产线上的瓶颈和优化空间，从而调整生产计划和流程，提高生产效率和产品质量。

二、大数据挖掘技术在市场营销中的应用

（一）实时反馈和调整

在竞争激烈的商业环境中，企业需要不断调整其营销策略以适应市场的变化和客户的需求。大数据挖掘技术可以帮助企业实时监测营销活动的效果和反馈，并及时做出调整，以确保营销策略的有效执行和最终的商业成功。大数据挖掘技术可以帮助企业实时监测营销活动的效果指标。通过收集和分析各种数据，如点击率、转化率、客户反馈等，企业可以清晰地了解营销活动的表现。这种实时监测让企业能够及时发现问题和机会，为进一步的调整和优化提供有力支持。大数据挖掘技术能够为企业提供深入的数据洞察和预测分析。企业可以发现隐藏在数据背后的规律和趋势，从而预测市场的变化和客户的行为。这种数据驱动的预测分析可以帮助企业提前做出调整，更好地应对市场的变化和竞争的挑战。大数据挖掘技术可以帮助企业实现快速反馈和调整。通过实时监测营销活动的效果和反馈，企业可以快速识别问题并及时作出调整。例如，如果某个广告活动的点击率低于预期，企业可以立即调整广告内容或投放渠道，以提高其效果。这种快速的反馈和调整能够帮助企业及时纠正错误，最大限度地提高营销效果和投资回报率。

（二）实时互动和沟通

在当今数字化的商业环境中，实时互动和沟通已经成为企业与客户之间建立紧密联系的关键。大数据挖掘技术可以帮助企业实现对客户实时反馈和互动行为的分析。通过监测和分析客户在社交媒体、电子邮件、客服平台等渠道的互动行为和反馈，企业可以及时了解客户的需求、意见和偏好。这种实时的数据分析可以帮助企业更好地

了解客户，为其提供个性化的服务和产品，从而增强客户的满意度和忠诚度。大数据挖掘技术能够为企业提供实时的客户互动和沟通渠道。结合大数据技术和智能化系统，企业可以实现自动化的客户互动和沟通，例如自动回复客户的查询、提供个性化的推荐服务等。这种实时的互动和沟通可以增强客户与企业之间的联系，提升客户的参与度和忠诚度。大数据挖掘技术可以帮助企业实现精准实时营销和推广。通过分析客户的实时行为数据和偏好，企业可以向客户提供个性化的营销推广活动，例如基于客户的位置、购买历史、兴趣爱好等信息进行定向推送。这种精准的实时营销可以提高客户的参与度和反应率，从而增强品牌认知和忠诚度。

第二节　消费者行为数据分析与预测模型构建

一、消费者行为数据分析

（一）数据源的丰富性

大数据挖掘技术所依赖的核心就是海量数据，而这些数据的丰富性是其能够发挥作用的关键之一。其中，消费者行为数据是大数据挖掘中的一个重要组成部分，它们可以来自各种渠道，包括但不限于线上购物记录、社交媒体活动、移动应用使用数据等。这些数据提供了丰富多样的信息，可以帮助企业深入了解消费者行为，从而更好地制定营销策略、改善产品和服务，提升客户体验，增加销售收入。线上购物记录是大数据挖掘中的一个重要数据源。随着电子商务的迅速发展，越来越多的消费者选择在网上购物，这使得企业能够收集到大量的线上购物数据。这些数据包括消费者的购买记录、浏览行为、购买偏好等信息，可以帮助企业了解消费者的购买习惯、偏好和需求，从而精准地推荐产品和服务，提高销售转化率。

社交媒体活动也是一个重要的数据源。随着社交媒体的普及，越来越多的消费者在社交媒体平台上分享自己的生活、兴趣爱好、购物体验等信息。企业可以通过分析社交媒体上的用户行为和互动，了解消费者的社交网络、影响力和口碑，从而制定更加精准的营销策略和推广活动，增强品牌的曝光度和认知度。移动应用使用数据也为大数据挖掘提供了重要的信息来源。随着智能手机的普及，越来越多的消费者通过移动应用进行购物、社交、娱乐等活动。通过分析消费者在移动应用上的使用行为和偏好，企业可以更好地了解消费者的生活方式、兴趣爱好和消费习惯，为其提供个性化的服务和体验，提高用户满意度和忠诚度。

（二）数据处理与分析

大数据挖掘技术在处理和分析庞大的消费者行为数据集方面发挥着至关重要的作用。这种技术利用各种数据挖掘算法和技术，能够从海量的数据中提取有用的信息，例如购买模式、趋势、偏好等，帮助企业深入理解消费者行为，并制定更加精准的营销策略、改进产品和服务，从而提升客户满意度和企业竞争力。大数据挖掘技术可以帮助企业处理海量的消费者行为数据。在现代数字化社会中，消费者产生的数据呈指数级增长，涵盖了各个方面的信息，包括购买记录、浏览历史、点击行为、社交互动等。大数据挖掘技术能够有效地处理这些庞大的数据集，包括数据的收集、存储、清洗、预处理等环节，确保数据的质量和完整性，为后续的分析和挖掘工作奠定基础。

大数据挖掘技术能够应用各种数据挖掘算法和技术，从消费者行为数据中提取有用的信息。这些算法包括但不限于关联规则挖掘、聚类分析、分类算法、预测建模等，可以帮助企业发现数据中的隐藏模式、规律和趋势。例如，通过关联规则挖掘，企业可以发现产品之间的相关性，从而实现交叉销售和推荐系统；企业可以将消费者分成不同的群体，了解其特征和行为习惯，为精准营销提供依据。大数据挖掘技术还可以帮助企业进行消费者行为的预测和模拟分析。通过建立数据驱动的预测模型，企业可以预测消费者的购买意向、流失风险等关键指标，从而及时调整营销策略和服务方案；通过模拟分析，企业可以评估不同策略和方案对消费者行为的影响，为决策提供参考和支持。

二、消费者行为预测模型构建

（一）特征选择与提取

在大数据挖掘中，特征选择与提取是一个至关重要的步骤，尤其是在处理消费者行为数据时。通过选择和提取与预测目标相关的特征，可以帮助企业更准确地理解消费者行为、预测其行为趋势，并据此制定更有效的营销策略和服务方案。消费频率是消费者行为数据中一个重要特征之一。它反映了消费者在一定时间内购买活动的频繁程度。通过分析消费者的消费频率，企业可以了解客户的购买习惯和行为模式，识别出具有高忠诚度的客户群体，为其提供个性化的服务和优惠，提升其满意度和忠诚度。

购买金额也是一个重要的特征。它反映了消费者在一定时间内的消费能力和消费偏好。通过分析消费者的购买金额，企业可以了解客户的消费水平和消费倾向，为其提供符合其消费能力和需求的产品和服务，从而提高客户的满意度和忠诚度。除了消费频率和购买金额外，浏览页面数也是一个重要的特征。它反映了消费者在浏览产品和服务时的兴趣和偏好。通过分析消费者的浏览页面数，企业可以了解客户对不同产品和服务的关注程度，识别潜在的购买意向和需求，为其提供个性化的推荐和服务，提高购买转化率和客户满意度。搜索关键词也是重要的特征之一。它显示了消费者在搜索引擎或电商平台上输入的关键词，可以反映其搜索意图和需求。通过分析消费者的搜索关键词，企业可以了解客户的需求和偏好，为其提供相关的产品和服务推荐。除了上述特征之外，还有许多其他与预测目标相关的特征可以从消费者行为数据中选择和提取，例如用户地理位置、设备类型、购买时间等。综合利用这些特征，企业可以更准确地理解消费者行为，预测其行为趋势，从而实现商业增长和竞争优势。

（二）数据探索与分析

EDA（Exploratory Data Analysis，探索性数据分析）是数据科学中的重要步骤，旨在通过可视化和统计分析等方法，深入了解数据的分布、相关性和规律，从而为后续的建模和预测工作提供基础和指导。我们可以通过直方图和核密度估计等方法来探索单个特征的分布情况。直方图可以显示特征的频率分布，而核密度估计则可以更加平滑地展示特征的概率密度函数。通过观察特征的分布情况，我们可以了解其是否符合正态分布或其他特定的分布模式，以及是否存在异常值或长尾分布等情况。我们可以通过散点图和箱线图等方法来探索特征之间的相关性。散点图可以显示两个特征之间的关系，箱线图则可以展示特征在不同类别或分组之间的差异情况。通过观察特征之间的散点分布和箱线图的差异，我们可以初步判断特征之间是否存在线性或非线性相关性，以及是否存在异常值或离群点等情况。

我们还可以通过热力图和相关系数等方法来量化特征之间的相关性。通过观察热力图和相关系数矩阵，我们可以发现特征之间的相关性模式，以及是否存在多重共线性或过度相关的情况。我们还可以通过聚类分析和主成分分析等方法来探索特征之间的聚类结构和主要变化方向。聚类分析可以将具有相似特征的样本聚集在一起，从而发现潜在的群体结构和类别划分，而主成分分析则可以找出数据中重要的方差方向和主要变化模式。通过观察聚类结果和主成分加载向量，我们可以了解特征之间的聚类关系和主要变化方向，从而指导后续的特征工程和建模工作。

（三）模型选择与训练

模型选择与训练在数据科学和机器学习领域扮演着至关重要的角色。它涉及从各种可用的模型中选择合适的，然后使用历史数据对选定的模型进行训练和调整，以便它能够在未知数据上表现良好。这个过程不仅需要对数据的特点有深入理解，还需要对不同类型的模型有一定的了解，以便做出正确的选择。预测目标可能是连续值的，比如房价预测，这时候我们可以考虑使用回归模型；也可能是分类的，比如邮件分类，这时候我们可以考虑使用决策树模型或者神经网络模型。此外，数据的特点也至关重要。例如，如果数据具有高度非线性的特点，那么使用神经网络模型可能会更合适；如果数据具有明显的特征交互和非线性关系，可以考虑使用决策树模型。在选择模型之后，接下来的步骤是利用历史数据对模型进行训练。训练过程包括将数据划分为训练集和测试集，然后使用训练集来拟合模型，使用测试集来评估模型的性能。在训练的过程中，通常会调整模型的参数，以提高模型的性能。这可能涉及使用交叉验证等技术来选择最佳的参数组合，以确保模型具有良好的泛化能力。除了模型选择和训练之外，还需要进行一些其他步骤来确保模型的质量。例如，可能需要对数据进行预处理，包括缺失值处理、特征标准化、特征工程等。此外，还可能需要对模型进行评估和调优，包括使用不同的性能指标来评估模型的性能，并根据评估结果对模型进行调整。

第三节 大数据分析对市场细分的影响

一、发现隐藏需求和趋势

（一）潜在趋势预测

潜在趋势预测是企业在大数据时代面临的一项重要挑战和机遇。随着信息技术的飞速发展和互联网的普及，企业可以从多个数据源中获取大量的数据，包括用户行为模式、社交媒体内容、行业报告等，这些数据不仅是企业了解市场动态的重要来源，也是预测市场潜在趋势的关键依据。在大数据时代，企业可以通过分析大数据来识别市场的潜在趋势和发展方向。通过对用户行为模式进行分析，企业可以了解用户的偏好、兴趣和行为习惯，从而预测未来的消费趋势。例如，通过分析用户在电子商务平台上的购买记录和浏览行为，可以发现某种产品或服务的热度是否正在上升，从而及时调整产品策略和市场推广方案。社交媒体已经成为人们交流观点、分享经验、表达情感的重要平台，通过分析社交媒体内容，企业可以了解公众对某种话题或产品的关注程度和态度，从而及时捕捉到热门话题或产品需求。例如，通过监测微博、Twitter（推特）等社交媒体平台上的讨论和评论，可以发现哪种话题或产品正在引起热议，从而及时推出相关产品或服务，抓住市场机遇。

行业报告也是企业了解市场动态和预测潜在趋势的重要信息源。通过分析行业报告中的数据和趋势，企业可以了解行业的发展方向和竞争态势，从而及时调整自身战略。例如，通过分析汽车行业的市场报告，可以了解电动汽车的发展趋势和市场潜力，从而及时布局电动汽车市场，抢占市场份额。在进行潜在趋势预测时，大数据分析对市场细分具有重要影响。传统上，市场细分是基于一些基本的人口统计学特征，来将市场分成不同的细分市场。然而，企业可以通过分析大数据来实现更精细化的市场细分，从而更好地满足不同消费者群体的需求。例如，通过分析用户在社交媒体上的行为和兴趣，可以发现不同的用户群体具有不同的消费偏好和购买习惯，从而将市场进一步细分为多个小的目标市场，针对性地推出产品和服务，提高市场营销的精准度和效果。

（二）智能推荐系统

智能推荐系统已成为当今企业营销和服务的一项重要利器，它利用大数据分析和人工智能技术，根据用户的历史行为和偏好，为其提供个性化的产品或服务推荐。这不仅提升了用户体验，还能够促进企业销售和市场细分的进一步精细化。智能推荐系统的核心在于推荐算法，它通过分析用户的历史行为数据，来推断用户的兴趣和偏好，从而向用户推荐可能感兴趣的产品或服务。这些推荐算法基于大数据分析，能够发现用户的潜在需求，为用户提供更加个性化和精准的推荐，从而提升用户满意度和忠诚度（图2-1）。

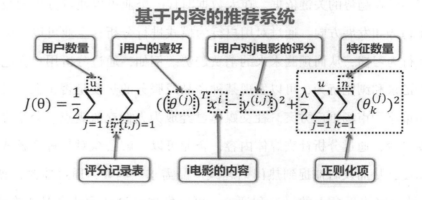

图2-1　智能推荐系统操作图

智能推荐系统还可以通过不断优化推荐算法，来提高推荐的准确性和效果。通过对用户反馈数据的分析，如点击率、购买率、收藏率等，可以评估推荐算法的性能，并根据评估结果调整算法参数，优化推荐结果。这种迭代优化的过程使得推荐系统能够不断适应用户的变化需求和偏好，提供更加精准的推荐服务。同时，智能推荐系统还可以促进市场细分的进一步精细化。传统上，市场细分是基于一些基本的人口统计学特征来进行的。然而，企业可以利用智能推荐系统的用户行为数据来实现更加精细化的市场划分。通过分析用户的行为和偏好，可以将市场进一步细分为多个小的目标市场，针对不同用户群体推出个性化的产品和服务，从而提高市场营销的精准度和效果。举例来说，假设一家电商企业拥有一个智能推荐系统，通过分析用户的购买记录和浏览行为，可以发现不同用户群体的消费偏好和购买习惯。例如，某些用户更喜欢购买时尚潮流的服装，而另一些用户则更关注功能性和实用性。基于这些数据，企业可以将用户进一步细分为时尚潮流用户和功能性用户两个小的目标市场，并针对不同用户群体推出不同风格的服装产品，从而更好地满足用户的需求，提高销售额和用户满意度。

二、实时的市场反馈和调整

（一）实时监测市场变化

大数据分析技术的应用使得企业能够以前所未有的速度和准确度监测市场的变化，包括竞争动态、消费趋势、产品需求等方面。通过实时监测市场数据的变化，企业可以及时了解市场的最新情况，把握市场机遇，应对市场挑战，从而实现市场细分的精准化和产品服务的个性化。大数据分析技术能够实现对竞争动态的实时监测。企业可以利用大数据分析技术收集、整理和分析竞争对手的相关数据，包括产品定价、促销活动、市场份额等信息。通过监测竞争对手的动态变化，企业可以及时调整自身的战略。例如，某电商企业可以利用大数据分析技术实时监测竞争对手的价格变化，根据竞争对手的价格调整自身产品的定价策略，以确保产品的竞争力和市场地位。大数据分析技术还能够实现对消费趋势的实时监测。企业可以通过分析大数据，包括用户行为数据、社交媒体数据等，来了解消费者的购买偏好、需求变化等信息。通过实时监测消费趋势，企业可以及时调整产品设计、推出新产品，满足消费者的需求，提高市场占有率。例如，某零售企业可以利用大数据分析技术实时监测消费者的购买行为，若发现某种产品的销售量正在上升，立即增加该产品的库存，以满足消费者的需求，提高销售额。大数据分析技术还能够实现对产品需求的实时监测。例如，某软件企业可以利用大数据分析技术实时监测用户对新版本软件的反馈，根据用户反馈调整软件功能，提高用户满意度和使用体验。在实时监测市场变化的过程中，大数据分析对市场细分的影响也是不可忽视的。

（二）提高市场反应速度

提高市场反应速度是企业在竞争激烈的商业环境中保持竞争优势的重要手段之一。大数据分析技术的应用使得企业能够更快地获取和分析市场数据，从而更迅速地调整策略，应对市场变化和竞争压力。大数据分析技术能够实现对市场数据的实时监测。通过实时监测市场数据，企业可以及时发现市场的新动向和变化，从而更快地做出反应，调整产品策略、市场推广方案等，保持市场竞争力。

大数据分析技术还能够实现对市场需求的快速响应。了解消费者的需求变化和购买偏好，及时调整产品设计、推出新产品，提高产品的竞争力。例如，某零售企业可以利用大数据分析技术实时监测销售数据，若发现某种产品的销售量正在下降，立即采取促销活动或调整产品定价，以提高产品的市场竞争力。大数据分析技术还能够实现对竞争对手的快速响应。例如，某电商企业可以利用大数据分析技术实时监测竞争对手的价格变化和促销活动，根据竞争对手的动态调整自身的价格策略和促销活动，以提升自身的竞争力。

三、发现新的市场机会

（一）发现被忽视的市场细分群体

大数据分析技术的应用使得企业能够更深入地了解市场，发现以往被忽视的市场细分群体，例如特定的地理区域、年龄段或兴趣爱好群体。通过对这些被忽视的市场细分群体进行深入分析，企业可以发现新的市场机会，开拓新的市场空间，从而实现市场细分更加精准化和产品服务的个性化。大数据分析技术能够帮助企业发现以往被忽视的特定地理区域。传统上，企业可能会将市场重点放在一些大城市或发达地区，而忽视了一些小城镇或欠发达地区。然而，企业可以利用大数据分析技术来深入了解不同地理区域的消费行为、购买偏好等信息。企业可以发现一些被忽视的地理区域，了解其潜在的市场需求和消费能力，从而针对性地开展市场营销活动，实现市场空间的拓展。大数据分析技术能够帮助企业发现以往被忽视的特定年龄段。传统上，企业可能会将市场重点放在一些主流年龄段，如青少年、中年人群等，而忽视了一些特定的年龄段，如老年人群或儿童群体。然而，企业可以利用大数据分析技术来深入了解不同年龄段消费者的购买行为、消费偏好等信息。企业可以发现一些被忽视的特定年龄段，了解其潜在的消费需求和购买能力，从而针对性地推出适合他们的产品和服务。

大数据分析技术还能够帮助企业发现以往被忽视的特定兴趣爱好群体。传统上，企业可能会将市场重点放在一些主流的兴趣爱好群体，如运动爱好者、美食爱好者等，而忽视了一些特定的兴趣爱好群体，如艺术爱好者、户外活动爱好者等。然而，企业可以利用大数据分析技术来深入了解不同兴趣爱好群体的消费行为、购买偏好等信息。企业可以发现一些被忽视的特定兴趣爱好群体，从而针对性地推出符合他们兴趣的产品和服务，拓展新的市场空间。在发现被忽视的市场细分群体的过程中，大数据分析对市场细分的影响是显著的。

（二）开发定制化的产品和服务

通过对大数据的深入分析，企业可以更好地了解市场细分群体的需求和偏好，从而开发定制化的产品和服务，满足不同群体的需求，获取增长动力。大数据分析技术可以帮助企业深入了解不同市场细分群体的需求和偏好。传统上，企业可能会根据一些基本的人口统计学特征来进行市场细分。然而，企业可以利用大数据分析技术来深入挖掘消费者的行为数据、偏好数据等，从而更精细化地划分市场。企业可以了解不同市场细分群体的购买行为、消费偏好、生活习惯等信息，从而更加准确地把握他们的需求和偏好。基于大数据分析，企业可以开发定制化的产品和服务，满足不同市场细分群体的需求。例如，某家电企业通过分析大数据发现，某个特定地区的消费者对某种功能的家电产品有较高的需求，但市场上尚未有相应的产品。企业可以针对这个特定地区的消费者需求，开发符合他们需求的定制化产品，从而抢占市场先机。大数据分析技术还可以帮助企业发现新的市场机会。企业可以发现一些以往被忽视的市场细分群体或新兴市场需求。企业可以及时把握这个新的市场机会，开发定制化的产品和服务，满足这个市场细分群体的需求，从而获取增长动力。

第三章　大数据驱动的个性化营销策略

第一节　个性化营销概念与方法探讨

一、个性化营销概念

个性化营销是一种基于个体消费者的需求、兴趣和行为，为其量身定制的营销策略和服务。它强调将消费者视为个体，通过收集和分析消费者的数据，以了解其偏好和行为，从而提供个性化的产品推荐、定制化的营销内容和服务体验。

二、个性化营销方法

（一）动态定价策略

动态定价策略是一种基于消费者个人偏好和行为数据的个性化营销方法，通过实时定价系统或价格优化算法，针对不同的消费者提供个性化的价格或优惠。这种策略充分利用了大数据技术，通过对海量数据的分析和挖掘，实现了价格的动态调整和个性化定价，提高了销售额和市场竞争力。动态定价策略基于大数据技术的支持，可以实时收集、分析和处理消费者的个人偏好和行为数据。这些数据可以为企业提供关于消费者喜好、购买习惯、价格敏感度等方面的重要信息。企业可以深入了解消费者的需求和偏好，为其提供个性化的定价策略。

动态定价策略可以根据消费者的个人偏好和行为数据，对不同的消费者提供个性化的价格或优惠。例如，对于频繁购买的忠诚客户，可以提供更多的优惠和折扣；对于新客户或者潜在客户，可以通过降低价格或者提供首次购买优惠等方式来吸引他们的注意力。通过个性化的定价策略，企业可以更好地满足消费者的需求，提高购买意愿和用户满意度。动态定价策略还可以根据市场供求关系和竞争态势，实时调整产品价格，以应对市场变化和竞争压力。通过对市场数据的实时监测和分析，企业可以及时调整产品价格，以保持竞争优势和市场份额。例如，当竞争对手推出促销活动或者降价销售时，企业可以通过实时定价系统快速响应，调整产品价格以保持竞争力。动态定价策略可以通过价格优化算法来实现。这些算法可以基于大数据分析和机器学习技术，自动学习消费者的行为模式和市场趋势，以预测未来的价格变化和需求趋势，并做出相应的调整和优化。通过不断地优化价格策略，企业可以最大限度地提高销售额和利润，实现可持续的商业增长。

（二）实时响应和调整

通过实时监测消费者的行为和反馈数据，企业可以及时调整个性化推荐、定价策略和营销内容，以提高营销效果和用户满意度。这种方法充分利用了大数据技术的优势，实现了对消费者需求的及时响应和个性化服务，从而提升了企业的竞争力和市场份额。实时监测消费者的行为数据是实现实时响应和调整的基础。通过对消费者在网站、移动应用、社交媒体等平台上的行为数据进行实时监测和分析，企业可以了解消费者的浏览、点击、购买等行为，以及他们的偏好和兴趣。这些数据可以为企业提供关于消费者行为模式和市场趋势的重要信息，为实时调整营销策略提供依据。企业可以通过实时响应系统对消费者进行个性化推荐。根据消费者的行为数据和个人偏好，实时推荐符合其兴趣和需求的产品或服务。这可以通过推荐算法和机器学习技术来实现，根据消费者的历史行为和偏好，预测其可能感兴趣的内容，并将其推荐给用户（图3-1）。

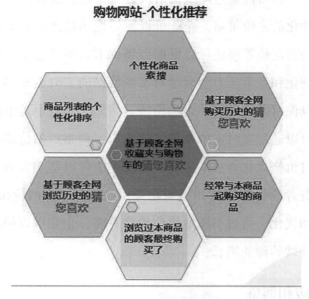

图 3-1　个性化推荐流程

实时响应和调整还包括对定价策略和营销内容的实时调整。根据消费者的行为和反馈数据，企业可以及时调整产品的定价策略，提供更具竞争力的价格或优惠，以吸引消费者购买。同时，企业还可以根据消费者和市场反馈，及时调整营销内容和推广活动。这可以通过实时监测和分析消费者的反馈信息、市场竞争情况和行业动态，进行相应的调整和优化。企业需要建立起高效的实时响应和调整机制，确保能够及时响应消费者的需求和市场变化。这包括建立起快速反应的数据分析系统、实时推荐系统和营销优化系统，以及配备专业的数据分析团队和营销团队，确保能够及时获取、分析和应用消费者行为和反馈数据，实现实时响应和调整。同时，企业还需要不断优化和提升自身的技术和数据分析能力，以应对日益激烈的市场竞争和消费者需求的变化。

（三）长期关系维护

通过基于大数据驱动的个性化营销方法，企业可以提供持续的个性化服务和关怀，增强消费者的忠诚度和满意度，促进再次购买和口碑传播，从而建立起稳固的长期关系。个性化营销方法可以帮助企业更好地了解消费者的需求和偏好。通过对消费者行为数据和个人特征的分析，企业可以深入了解消费者的购买习惯、偏好品类、生活方式等信息。这使得企业能够为每位消费者提供定制化的产品和服务，满足其个性化需求，增强其对品牌的认同感和忠诚度。

个性化营销方法可以实现精准沟通和营销。通过对消费者行为数据的分析，企业可以确定沟通渠道、时间和内容，向消费者发送个性化的营销信息和推荐内容。这样可以增加消费者对品牌的关注度和购买意愿，促进再次购买和转化。个性化服务和关怀是建立和维护长期关系的重要手段。通过对消费者的历史购买记录、偏好品类等信息的分析，企业可以为消费者提供个性化的服务和关怀，包括定制化的产品推荐、专属优惠和礼品、个性化的客户服务等。这可以增强消费者的满意度和忠诚度，提高他们对品牌的信任度和依赖度，促进长期合作关系的建立。个性化营销方法还可以实现精准的客户分析和预测。通过对消费者行为数据的挖掘和分析，企业可以发现消费者的潜在需求和购买意愿，预测其未来行为和需求趋势，为企业提供精准的市场预测和决策支持。这可以帮助企业更好地把握市场机会，提前做出调整和优化，保持市场竞争优势。个性化营销方法还可以促进口碑传播和品牌影响力的扩大。通过提供个性化的产品和服务，企业可以增强消费者对品牌的认同感和满意度，从而激发其正面的口碑传播和品牌推荐行为。这不仅可以吸引更多的潜在客户，还可以提高品牌的知名度和美誉度，进一步巩固和拓展市场份额。

第二节 大数据在个性化营销中的关键技术与工具

一、大数据在个性化营销中的关键技术

（一）实时处理与响应

1. 实时处理平台

在当今竞争激烈的市场环境中，实时数据处理平台如 Apache Kafka、Apache Storm 等，作为关键技术之一，为企业提供了实时监测和响应消费者行为的强大工具。通过这些平台，企业能够快速、准确地分析海量实时数据，实现对消费者行为的实时监测、

个性化推荐和定价调整，从而提高市场反应速度、提升用户体验和增强竞争力。实时数据处理平台具有高效的数据处理和分析能力。这些平台采用分布式计算和流式处理技术，能够在毫秒级别内处理大规模实时的数据流，实现快速的数据传输、处理和分析。企业可以通过这些平台实时监测消费者在网站、移动应用、社交媒体等平台上的行为数据，包括点击、浏览、搜索、购买等行为，以及实时对这些数据进行分析和挖掘，从而及时了解消费者的需求和偏好。

实时数据处理平台具有实时调整定价策略的能力。实时数据处理平台可以帮助企业快速收集和分析市场数据，识别市场趋势和竞争对手的动态，从而及时做出调整和优化，保持竞争优势和市场份额。实时数据处理平台还具有实时监测和评估市场表现的能力。通过对销售数据、市场份额、用户满意度等指标的实时监测和分析，企业可以及时发现市场和消费者需求的变化，及时调整营销策略和产品定位，以保持竞争优势和市场领先地位。

2. 实时推荐系统

实时推荐系统能够基于实时处理技术，在用户访问时即时生成个性化的推荐结果。这种系统利用大数据技术对海量用户数据进行实时分析和处理，从而实现对用户兴趣和偏好的实时捕捉和个性化推荐，提高用户体验和购买转化率，促进销售增长和市场竞争力的提升。实时推荐系统基于大数据技术实现了对海量用户数据的实时处理和分析。这些数据包括用户的浏览历史、购买记录、点击行为、搜索关键词等，以及与之相关的商品信息、社交互动等。通过实时数据处理技术，系统能够快速、准确地捕捉到用户的实时行为和偏好，从而为其提供个性化的推荐结果。

实时推荐系统利用机器学习和推荐算法对用户数据进行分析和挖掘。通过对用户行为数据的实时监测和分析，系统能够发现用户的兴趣和偏好，预测其可能感兴趣的商品或内容。这些推荐算法可以根据用户的历史行为和相似用户的行为模式，自动学习和优化推荐策略，不断提高推荐的准确性和精度。实时推荐系统还结合了实时数据处理和实时推荐算法，实现了对用户访问时的即时推荐。当用户访问网站或移动应用时，系统可以根据其实时行为和个人特征，即时生成个性化的推荐结果，并呈现给用户。这种实时推荐能够提高用户体验，增加用户对推荐结果的点击和购买，从而促进销售增长和市场份额的提升。实时推荐系统还可以通过 A/B 测试（A/B 测试是一种新兴的网页优化方法，可以用于增加转化率、注册率等网页指标）等方式对推荐策略进行实时评估和优化。通过实时监测用户的反馈和行为数据，系统可以及时发现推荐策略的优势和不足，并根据反馈结果调整和优化推荐算法和模型。这种持续的优化和迭代能够不断提高推荐的效果和用户满意度，提升用户忠诚度和促进口碑传播。

（二）数据可视化与报告

1. 数据可视化工具

数据可视化工具如 Tableau、Power BI 等，能够将复杂的数据以直观、易懂的图表和图形形式呈现出来，帮助营销团队更好地理解数据、发现趋势和模式，并做出更明智的决策（图 3-2、图 3-3）。在个性化营销中，数据可视化工具可以用于多个方面，包括对消费者行为数据的分析、对营销活动效果的评估以及对市场趋势和竞争对手的分析等。数据可视化工具可以帮助营销团队对消费者行为数据进行分析。通过将消费者的浏览、点击、购买等行为数据以图表、地图、仪表盘等形式呈现出来，营销团队可以更直观地了解消费者的行为模式和趋势。例如，他们可以通过数据可视化工具查看不同时间段内的用户访问量、页面停留时间、转化率等指标的变化情况，从而发现消费者的活跃时间段、偏好内容以及购买路径，为个性化推荐和定价策略的制定提供数据支持。

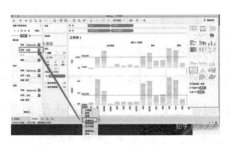 

图 3-2　Tableau 操作界面介绍　　图 3-3　Power BI 操作界面介绍

数据可视化工具可以帮助营销团队对营销活动效果进行评估。通过将营销活动的数据，如广告点击率、转化率、ROI 等指标以图表、图形的形式呈现出来，营销团队可以直观地了解不同渠道、不同活动的表现情况。他们可以通过比较不同渠道或不同活动之间的数据差异，发现哪些活动效果更好、哪些活动需要调整或优化，从而提高营销活动的效果和 ROI。数据可视化工具还可以帮助营销团队对市场趋势和竞争对手进行分析。通过将市场和竞争对手的数据以图表、图形的形式呈现出来，营销团队可以直观地了解市场的规模、增长趋势，以及竞争对手的产品定位、价格策略等情况。数据可视化工具还可以帮助营销团队对数据进行深度挖掘和发现隐藏在数据中的有价值的信息。通过可视化图表和交互式仪表盘，营销团队可以对数据进行多维度的分析和探索，发现数据中的趋势、模式和异常情况，为业务决策提供更深入的洞察。例如，他们可以通过数据可视化工具查看不同用户群体的购买行为和偏好，发现不同群体之间的差异，为个性化营销和定价策略的制定提供更精准的参考。

2. 报告生成

自动化报告生成工具能够利用大数据技术和数据可视化技术，自动化生成定期或实时的数据报告，向决策者和团队传达个性化营销效果和趋势。通过这些报告，决策者和团队可以直观地了解个性化营销的执行情况，发现市场趋势和消费者行为的变化，及时调整营销策略和优化业务决策，从而提高营销效果和商业绩效。自动化报告生成工具能够将海量的数据以直观、易懂的图表和图形形式呈现出来。这些报告通常包括多种可视化图表，如折线图、柱状图、饼图等，以及交互式的仪表盘和数据表格，帮助决策者和团队更直观地了解数据的变化和趋势。例如，他们可以通过报告查看不同渠道或不同产品的销售额、转化率、用户增长率等指标的变化情况，发现潜在的增长机会和业务瓶颈，为业务决策提供数据支持和参考。

自动化报告生成工具能够实现定期或实时的报告生成和分发。这些工具通常具有预定任务和自动化调度的功能，可以在设定的时间点或条件触发时，自动从数据源中提取数据、生成报告，并通过电子邮件、即时消息等方式将报告发送给相关人员。这使得决策者和团队能够及时获取最新的数据报告，了解业务的最新动态，及时做出反应和调整，提高决策的效率和准确性。自动化报告生成工具还能够实现报告的个性化和定制化。通过灵活的报告模板和配置选项，用户可以根据自身的需求和偏好，自定义报告的内容、格式和样式，使其更符合决策者和团队的需求。例如，他们可以选择展示特定的指标和图表，设置报告的时间范围和频率，以及添加自定义的注释和解释，使报告更具针对性和可读性。自动化报告生成工具还能够实现报告的多维度分析和交互式探索。通过交互式的仪表盘和数据表格，用户可以自由选择和调整报告中的数据和指标，进行多维度的分析和探索。这种自由度和灵活性使决策者和团队能够更加深入地理解数据，做出更加准确的决策。

（三）隐私保护与合规性

1. 数据安全与隐私保护

随着数据的规模和复杂性不断增加，保护消费者数据的安全和隐私成为企业不可或缺的责任。为此，采取数据加密、访问控制、数据匿名化等技术是关键。这些技术不仅可以有效防止数据泄露和滥用，还能够建立消费者信任，为个性化营销提供坚实的基础。数据加密是保护消费者数据安全的重要技术之一。通过对敏感数据进行加密处理，可以有效防止未经授权的访问和窃取。企业可以采用对称加密、非对称加密等加密算法，对数据进行加密存储和传输。同时，还可以采用密钥管理系统，对加密密钥进行安全管理和控制，确保只有被授权的用户才能解密数据，保障数据的机密性和完整性。访问控制是保护消费者数据安全的重要手段之一。通过建立严格的访问控制策略和权限管理机制，企业可以控制用户对数据的访问和操作权限，防止未经授权的访问和操作。企业可以采用身份验证、访问控制列表（ACL）、角色基于访问控制（RBAC）等技术，限制用户对数据的访问范围和操作权限，确保数据的安全性和完整性（图3-4、图3-5）。

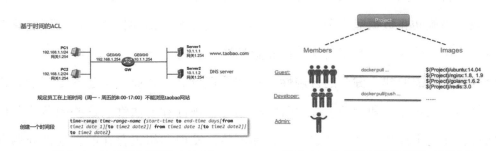

图3-4 访问控制列表（ACL）　　图3-5 角色基于访问控制（RBAC）

数据匿名化是保护消费者隐私的重要手段之一。通过对敏感数据进行匿名化处理，可以有效保护消费者的个人隐私信息，同时又能够保留数据的分析和挖掘价值。

企业可以采用数据脱敏、数据模糊化、数据泛化等技术，对个人身份信息、个人偏好信息等敏感数据进行匿名化处理，使其无法直接关联到具体的个人身份，从而降低数据泄露和滥用的风险。数据安全与隐私保护还需要建立完善的监管和合规机制。企业应遵守相关的法律法规和行业标准，建立数据安全和隐私保护的管理制度和流程，加强对数据的安全管理和监控，及时发现和应对安全风险和威胁。同时，还应建立独立的数据安全与隐私保护团队，负责制定和执行数据安全和隐私保护策略，确保数据安全和隐私保护工作的持续有效。

2. 合规性管理

随着数字化时代的发展，越来越多的国家和地区出台了相关法律法规，如欧洲的《通用数据保护条例》（GDPR）和美国的《加州消费者隐私法》（CCPA），旨在保护消费者的隐私和数据权益。因此，企业在进行个性化营销活动时，必须遵守相关法律法规，保证其活动的合规性和合法性。为此，采取适当的合规性管理措施是必不可少的。合规性管理需要对相关法律法规进行深入了解和研究。企业应该对 GDPR、CCPA等法律法规的内容和要求进行系统学习和分析，了解其中的条款和规定，以及对个性化营销活动的影响和要求。特别要重点关注其中涉及个人数据处理和隐私保护的规定，如个人数据收集、存储、处理、传输和删除等方面的要求，以及消费者权利的保护和监管机制等内容。合规性管理需要对企业内部的数据管理和处理流程进行审查和调整。企业应该对个性化营销活动的数据收集、存储、处理和使用等环节进行全面审查，确保其符合相关法律法规的要求。特别是要加强对个人敏感数据的保护和管理，采取有效的措施防止数据泄露和滥用，如加强数据加密、访问控制、数据匿名化等技术手段的应用，确保个人数据的安全性和隐私性。

合规性管理需要建立健全的合规性监督和管理机制。企业应该建立专门的合规性团队或部门，负责监督和管理个性化营销活动的合规性和合法性。这些团队或部门应该定期对企业的个性化营销活动进行审查和评估，发现和纠正存在的合规性问题和风险，并及时整改和改进。同时，还应该加强对员工的培训和教育，提高其合规意识和风险防范意识，确保他们在工作中能够严格遵守相关法律法规的要求。合规性管理还需要加强与第三方合作伙伴的合作和监管。在进行个性化营销活动时，企业通常会涉及多个合作伙伴，如数据提供商、广告平台、营销服务商等。因此，企业需要与这些合作伙伴建立合作关系，并签订合适的合作协议和保密协议，明确双方的责任和义务。同时，还需要加强对这些合作伙伴的监管和审查，确保他们的行为符合相关法律法规的要求，保护消费者的权益。

二、大数据在个性化营销中的工具

（一）数据存储与管理平台

1. Apache Hadoop

Apache Hadoop 是一个开源的分布式存储和处理框架，被广泛应用于存储和处理大规模数据。作为大数据在个性化营销中的工具之一，Apache Hadoop 提供了可靠、高效的数据处理和分析能力，为企业实现个性化营销提供了重要支持。Apache Hadoop 的分布式存储系统 HDFS（Hadoop Distributed File System）能够存储大规模数据，并具有高可靠性和高容错性。HDFS 将数据分割成多个数据块，并存储在集群中的多个节点上，通过冗余备份和自动故障转移等机制保障数据的安全性和可靠性。这为个性化营销提供了数据存储的基础，使得企业能够安全地存储和管理海量的用户数据、产品数据和市场数据。Apache Hadoop 的分布式计算框架 MapReduce 支持对大规模数据的批量处理。MapReduce 将数据处理任务分解成多个子任务，并在集群中的多个节点上并行执行，通过数据切分、分布式计算和结果合并等步骤实现高效的数据处理。这使得企业能够对大规模数据进行复杂的分析和计算，从而发现潜在的市场趋势、用户行为模式和产品偏好，为个性化营销策略的制定提供数据支持和参考。

随着大数据时代的到来，实时处理成为个性化营销的重要需求。Apache Hadoop 通过整合 Apache Storm、Apache Kafka 等实时处理技术，实现了对实时数据流的处理和分析。企业可以利用这些实时处理技术，实时监测用户行为和市场变化，及时调整营销策略和优化用户体验。这使得个性化营销能够更加灵活、响应更加及时，提高了企业在竞争激烈的市场环境中的竞争力。Apache Hadoop 作为一个开放式的大数据生态系统，与众多数据处理和分析工具无缝集成，具有更丰富的数据处理和分析能力。企业可以根据自身需求选择合适的工具和组件，构建完整的大数据解决方案，实现更精准、更有效的个性化营销。例如，结合 Apache Hive 进行数据仓库建设和数据查询分析，结合 Apache Spark 进行数据挖掘和机器学习分析，以及结合 Apache Kafka 进行实时数据流处理等。

2. Apache Spark

Apache Spark 是一个快速通用的大数据处理引擎，其出现极大地提升了大数据处理的效率和灵活性。Apache Spark 作为一种强大的工具，为数据分析、实时处理和机器学习任务提供了支持。Apache Spark 支持内存计算，这使得它能够在内存中高效地处理大规模数据。相比于传统的批处理框架如 Hadoop MapReduce，Spark 的内存计算能力使得数据处理速度大大加快。这意味着营销团队可以更快地对数据进行分析和挖掘，从而更及时地发现市场趋势、用户行为和产品偏好，为个性化营销策略的制定提供数据支持。Apache Spark 支持流式处理，能够实时处理数据流，并在处理过程中持续生成结果。实时处理对于及时响应用户行为和市场变化至关重要。通过 Spark 的流式处理功能，营销团队可以实时监测用户行为、实时生成个性化推荐和实时调整营销策略，从而提高营销效果和用户满意度。

Apache Spark 提供了丰富的机器学习库，如 MLlib、GraphX 等，支持各种机器学习算法的实现和应用。机器学习技术能够帮助营销团队从海量数据中挖掘潜在的用户群体、发现用户行为模式、预测用户行为趋势等。通过 Spark 的机器学习库，营销团队可以构建个性化推荐系统、用户画像分析系统等，为用户提供个性化的产品和服务。Apache Spark 具有良好的可扩展性和灵活性，能够轻松集成各种数据源和第三方工具。这使得它可以与其他大数据工具和平台无缝集成，如 Hadoop、Kafka、Hive 等，为个性化营销提供更全面的数据处理和分析能力。营销团队可以根据实际需求选择合适的工具和平台，构建完整的个性化营销解决方案，实现更精准、更有效的营销活动。

（二）市场营销自动化平台

1. Hub Spot

Hub Spot 是一家提供全面市场营销自动化工具的知名公司，其平台涵盖了电子邮件营销、社交媒体管理、网站分析等多种功能，旨在帮助企业更有效地进行数字营销，提升品牌曝光度、吸引客户、提高销售效率。大数据技术在 Hub Spot 的电子邮件营销中扮演着关键角色。通过分析用户的电子邮件打开率、点击率等数据，系统可以了解用户对不同类型邮件的喜好和反应，从而定制化地调整邮件内容和发送时间，提高邮件的投递效果。例如，系统可以根据用户的兴趣标签，向其发送针对性的促销邮件或信息通知，增加用户的参与度和响应率。在 Hub Spot 平台上，企业可以通过大数据分析用户在社交媒体上的活动数据，了解用户的兴趣、喜好和互动行为。企业可以制定个性化的社交媒体营销策略，针对不同用户群体发布定制化的内容，提高社交媒体的曝光度和用户参与度。

2. Salesforce Marketing Cloud

随着数字化时代的到来，市场营销领域也迎来了巨大的变革。企业不再仅仅依靠传统的广告和宣传手段来吸引客户，而是转向了更加智能和个性化的营销策略。大数据技术成为一种强大的工具，使企业能够深入了解客户、预测市场趋势和优化营销活动。在 Salesforce 提供的综合市场营销自动化平台中，大数据技术发挥着重要的作用，帮助企业实现更加精准和有效的个性化营销。大数据技术可以帮助企业深入了解客户。通过收集和分析海量数据，企业可以了解客户的偏好、行为和需求。这些数据可以来自各种渠道，包括社交媒体、网站浏览记录、购买历史等。Salesforce 的市场营销自动化平台可以集成这些数据，并利用先进的分析算法来发现隐藏在数据背后的规律和趋势。企业可以通过这些数据了解客户的兴趣爱好、购买习惯、生活方式等信息，从而精准地为他们提供个性化的营销服务。

大数据技术可以帮助企业预测市场趋势。通过分析历史数据和当前的市场环境，企业可以预测未来的市场走向，并及时调整营销策略。Salesforce 的市场营销自动化平台可以利用机器学习和数据挖掘技术来构建预测模型，帮助企业识别潜在的市场机会和风险。企业可以根据这些预测结果制订相应的营销计划，以应对不同的市场情况，从而提高营销活动的效果和效率。大数据技术可以帮助企业优化营销活动。通过实时监测和分析营销活动的效果，企业可以及时发现问题并进行调整。Salesforce 的市场营销自动化平台可以提供丰富的数据分析和报告功能，帮助企业了解营销活动的执行情况和效果。企业可以根据这些数据对营销活动进行优化，包括调整目标受众、改进营销内容、优化营销渠道等。通过不断地优化，企业可以提高营销活动的效果，并实现更加精准和有效的个性化营销。

（三）跟踪和监测工具

跟踪和监测工具在现代数字营销中扮演着至关重要的角色。诸如 Google Analytics、Adobe Analytics 等工具的出现，为企业提供了有效监测用户行为和营销效果的途径，从而优化个性化营销策略。随着大数据技术的不断发展，这些工具不仅可以帮助企业了解用户行为和偏好，还能够通过数据分析和挖掘，实现更精准、个性化的营销活动。跟踪和监测工具能够帮助企业深入了解用户行为。通过这些工具收集到的数据，企业可以了解用户的访问路径、停留时间、页面浏览量等详细信息。例如，通过 Google Analytics，企业可以轻松获取到网站的流量来源、访问设备、地理位置等数据，从而深入了解用户的访问习惯和行为特征。这些数据对于企业理解用户需求、调整产品定位、优化用户体验具有重要意义。跟踪和监测工具可以帮助企业评估营销效果。企业可以了解不同营销渠道的效果，分析各种营销活动的转化率和 ROI，从而优化资源配置。例如，企业可以通过跟踪工具监测到某一广告活动的点击率、转化率等关键指标，从而评估其在销售转化过程中的效果，进而决定是否继续投放资金或调整广告内容。

跟踪和监测工具可以为企业提供个性化营销策略的优化方向。借助大数据技术，这些工具可以分析用户的历史行为数据、偏好信息等，为企业提供更深入、更全面的用户画像。基于这些用户画像，企业可以精准预测用户的需求和行为，制定个性化营销策略。例如，企业可以根据用户的浏览记录和购买历史，向其推荐相关产品或服务，提升购买转化率；或者根据用户的兴趣爱好，定制个性化的营销内容，提高用户的参与度和满意度。跟踪和监测工具可以帮助企业实现精细化的 A/B 测试。通过这些工具，企业可以针对不同的营销活动或页面设计进行实时的 A/B 测试，了解不同版本的效果差异，从而确定最佳的营销方案。例如，企业可以针对某一特定广告活动，设计两种不同的广告文案或图片，然后通过跟踪工具监测用户的点击率、转化率等指标，分析两种版本的效果差异，从而确定最优的广告版本。

第三节　个性化推荐系统的设计与优化

一、个性化推荐系统的设计

（一）系统架构与性能优化

随着互联网的普及和信息化程度的提高，人们在日常生活中接触到的信息越来越多，如何从海量的信息中找到符合个人兴趣的内容成为一个挑战。个性化推荐系统通过分析用户的历史行为和偏好，为其推荐可能感兴趣的内容，成为解决这一挑战的重要手段之一。在设计可扩展的系统架构和性能优化的基础上，实现一个高效稳定的个性化推荐系统，对于提高用户体验和服务质量至关重要。一个可扩展的系统架构需要考虑到系统的水平扩展和垂直扩展能力，以应对不断增长的用户和数据量。通常会涉及用户数据、商品数据、行为数据等多种类型的数据，因此需要一个灵活的数据存储和处理方案。一种常见的架构设计是采用微服务架构，将系统拆分成多个独立的服务，每个服务负责特定的功能模块，通过 API（应用程序编程接口）进行通信。这样可以提高系统的灵活性和可维护性，同时也便于水平扩展和负载均衡。在数据存储方面，可以选择使用分布式数据库或者 NoSQL 数据库来存储海量的用户和商品数据。例如，可以使用 Hadoop 分布式文件系统（HDFS）来存储大规模的数据，或者使用 Apache Cassandra 等 NoSQL 数据库来存储结构化数据。另外，为了提高数据的读取和写入速度，可以使用缓存技术来缓存热门数据，减轻数据库的压力。

在数据处理方面，可以使用分布式计算框架（如 Apache Spark 或 Hadoop Map Reduce）来处理海量的数据。这些框架具有并行计算和分布式存储的能力，可以有效处理大规模数据集。此外，可以使用流处理技术（如 Apache Kafka 或 Apache Flink）来实时处理用户行为数据，以提供实时的推荐结果。除了系统架构的设计外，性能优化也是个性化推荐系统的关键。需要对系统进行性能测试和调优，找出瓶颈并进行优化。例如，可以使用异步处理和批处理技术来提高数据处理的效率，或者使用分布式缓存和负载均衡技术来提高系统的响应速度和稳定性。另外，可以使用预测建模和机器学习算法来优化推荐结果，提高推荐的准确度和个性化程度。

（二）用户反馈与迭代

在设计一个高效稳定的个性化推荐系统时，除了考虑系统架构和性能优化外，还需要关注用户反馈与迭代。收集用户反馈数据，并根据这些数据对推荐模型进行迭代优化，是提升推荐质量和用户满意度的关键步骤之一。收集用户反馈数据是评估推荐效果的重要手段之一。这些数据可以包括用户的点击率、购买率、收藏率等行为数据，以及用户的评价、评论等文本数据。在大数据环境下，通常会使用流处理技术来实时地收集和处理用户反馈数据，以便及时调整推荐策略。根据用户反馈数据对推荐模型进行迭代优化是提升推荐质量和用户满意度的关键。通过分析用户反馈数据，可以发现推荐模型的不足之处，并针对性地进行优化。例如，如果某个推荐结果的点击率较低，可能是因为推荐的商品不符合用户的兴趣或偏好，可以通过调整推荐算法或加入更多的用户特征来提高推荐的准确度。另外，还可以利用机器学习技术来构建个性化推荐模型，根据用户的历史行为和偏好进行预测，从而提高推荐的精准度和个性化程度。

二、个性化推荐系统的优化

（一）算法模型优化

1. 模型选择

不同的推荐算法模型适用于不同的业务场景和数据特征，因此需要不断尝试和比较，以选择适合当前业务场景的模型。推荐算法主要分为基于内容的推荐、协同过滤推荐和混合推荐等几种类型。基于内容的推荐算法主要利用商品或内容的特征来进行推荐，例如，根据商品的属性或标签进行推荐。协同过滤推荐算法则是根据用户的历史行为和偏好来进行推荐，例如，根据用户的购买历史或点击记录来向其推荐相似的商品。混合推荐算法则是将基于内容的推荐和协同过滤推荐结合起来，以提高推荐的准确度和个性化程度。不同的业务场景可能对推荐算法的准确度、实时性、可解释性等有不同的要求。例如，对于电商平台而言，实时性可能是一个重要考虑因素，因为用户的行为和偏好随时可能发生变化，需要及时调整推荐结果。对于内容平台而言，可解释性可能是一个重要考虑因素，因为用户可能希望了解推荐结果背后的推荐原因。因此，需要根据业务场景的特点来选择适合的推荐算法模型。

在选择推荐算法模型时，还需要考虑数据的规模和特征。数据量通常非常庞大，包括用户数据、商品数据、行为数据等多种类型的数据。因此，需要选择能够处理大规模数据的推荐算法模型，并考虑如何利用分布式计算和存储技术来提高算法的效率和性能。此外，还需要考虑数据的稀疏性和噪声性，选择适合的数据预处理和特征工程方法，以提高推荐算法的准确度和稳定性。除了考虑算法模型本身的特点外，还需要考虑算法模型的可扩展性和灵活性。在实际应用中，推荐系统可能需要不断地调整和优化推荐算法模型，以适应不断变化的业务需求和用户行为。因此，需要选择具有良好的可扩展性和灵活性的推荐算法模型，并考虑如何利用自动化和自动化技术来简化模型的调整和优化过程。

2. 参数调优

在设计大数据的个性化推荐系统时，除了选择合适的算法模型外，参数调优也是提高推荐准确性和效果的重要手段之一。通过对模型参数进行调整，如调整相似度计算方法、特征权重等，可以使推荐结果更加贴合用户的兴趣和偏好。相似度计算方法指的是计算用户或商品之间相似度的方法，常见的包括余弦相似度、皮尔逊相关系数、Jaccard 相似度等。特征权重指的是特征在推荐模型中的重要性，可以通过调整特征权重来改变推荐结果的影响程度。推荐候选集大小指的是推荐系统每次给用户推荐的商品数量，可以通过调整推荐候选集大小来影响推荐结果的多样性和个性化程度。

参数调优通常可以通过人工调优、网格搜索、贝叶斯优化等方法来实现。人工调优是最直接的方法，通过经验和专业知识来手动调整参数值。网格搜索是一种常用的自动调优方法，通过在参数空间中进行网格搜索来寻找最优参数组合。贝叶斯优化是一种更加高效的自动调优方法，通过构建参数值的概率模型来动态地调整参数值，以找到最优参数组合。在进行参数调优时，需要注意评价指标的选择。评价指标用于评估不同参数组合的性能，常见的评价指标包括准确率、召回率、覆盖率、多样性等。准确率指的是推荐结果中真正相关的比例，召回率指的是所有相关商品中被推荐的比例，覆盖率指的是推荐系统覆盖的物品数量占总物品数量的比例，多样性指的是推荐结果的多样性程度。根据业务需求和用户行为特点，选择合适的评价指标来评估不同参数组合的性能，并选择使评价指标达到最优的参数组合。需要进行参数调优的实验和评估。在实验过程中，需要选择合适的数据集和实验场景，并根据预先设定的评价指标对不同参数组合的性能进行评估。通过实验和评估，可以找到使评价指标达到最优的参数组合，并将其应用于实际的推荐系统中。

3. 集成学习

在大数据的个性化推荐系统设计中，集成学习方法结合多种推荐算法是提高推荐覆盖率和多样性的一种有效途径。集成学习通过将多个弱学习器组合成一个强学习器，综合各个学习器的优势，以提高整体性能。集成学习可以将不同的推荐算法组合起来，从而提高推荐的覆盖率和多样性，增强系统的鲁棒性和准确性。需要选择合适的基础推荐算法。基础推荐算法是集成学习的基础，可以选择多种不同类型的推荐算法，如基于内容的推荐、协同过滤推荐、矩阵分解推荐等。每种推荐算法都有其特点和适用场景，通过结合多种不同类型的推荐算法，可以充分利用它们的优势，从而提高推荐的准确性和效果。需要选择合适的集成学习方法。集成学习方法包括 Bagging（引导聚集算法）、Boosting（提升法）、Stacking（堆叠法）等多种类型，每种方法都有其特点和适用场景（图 3-6、图 3-7、图 3-8）。Bagging 通过对训练集进行自助采样，构建多个基础学习器，再通过投票或平均等方式进行集成。Boosting 则是通过迭代训练，每一轮都根据前一轮的错误来调整样本权重，从而逐步提高整体性能。Stacking 则是将多个基础学习器的输出作为新特征，再训练一个元学习器来进行最终预测。根据实际情况和需求，选择合适的集成学习方法来组合基础推荐算法。

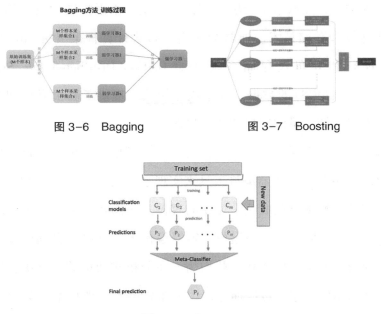

图 3-6　Bagging　　　　　图 3-7　Boosting

图 3-8　Stacking

在进行集成学习时，还需要考虑集成策略和模型调优。集成策略包括硬投票和软投票等多种方式，硬投票是基于多数投票原则，将各个基础学习器的输出进行投票决策；软投票则是根据各个学习器的置信度对其输出进行加权平均。通过选择合适的集成策略，可以进一步提高集成学习的性能。此外，还可以通过参数调优和模型调优来进一步提高集成学习的性能，选择最优的参数组合和模型结构。需要进行集成学习的实验和评估。需要选择合适的数据集和评价指标，并根据预先设定的评价指标对集成学习的性能进行评估。

（二）系统性能优化

1. 分布式架构

大数据的个性化推荐系统设计中，采用分布式架构和集群部署是为了提高系统的可扩展性和容错性。分布式架构将系统拆分成多个独立的组件，并将其部署在多台服务器上，从而实现系统的水平扩展和负载均衡。集群部署则是将多台服务器组成一个集群，通过协作和协调来提高系统的稳定性和可靠性。常见的功能模块包括用户数据服务、商品数据服务、推荐算法服务等。通过将系统拆分成多个服务，可以提高系统的灵活性和可维护性，降低系统的耦合度，从而便于水平扩展和负载均衡。需要选择合适的分布式计算和存储技术。通常会使用分布式计算框架（如 Apache Spark、Hadoop MapReduce）和分布式存储系统（如 Hadoop Distributed File System、Apache HBase）来处理和存储海量的数据。分布式存储系统提供了高可靠性和可扩展性的数据存储服务，可以存储海量的用户和商品数据。

在集群部署方面，需要考虑系统的容错性和高可用性。可以通过使用容器化技术（如 Docker、Kubernetes）和容器编排工具来实现系统的自动化部署和管理。容器化技术将应用程序和其依赖项打包成一个独立的容器，从而实现了应用程序的环境隔离和一致性，使其可以在不同的环境中运行。容器编排工具则可以自动化地管理容器的部署和调度，实现系统的水平扩展和负载均衡。在分布式架构的设计中，还需要考虑系统的数据一致性和通信效率。可以通过使用分布式事务管理技术（如分布式事务协调器）来确保系统的数据一致性，通过使用消息队列和异步通信机制来提高系统的通信效率。消息队列可以将消息发送者和接收者解耦，实现异步通信和削峰填谷，从而提高系统的稳定性和可靠性。需要进行系统的性能测试和调优。在实际部署之前，需要对系统进行性能测试。可以通过压力测试和负载测试来评估系统的性能和稳定性，通过调整系统配置和优化算法实现系统的性能优化。

2. 缓存和预处理

使用缓存技术和预处理方法是为了减少推荐计算的时间和资源消耗，提高系统的性能和响应速度。缓存技术可以将热门数据存储在内存中，以减少对数据库或其他存储系统的访问次数，从而提高数据访问速度；预处理方法则可以提前对数据进行处理和计算，以减少实时推荐计算的时间和资源消耗。需要选择合适的缓存技术。常见的缓存技术包括内存缓存、分布式缓存（如 Redis Cluster、Apache Ignite）和 CDN（内容分发网络）等。内存缓存是将热门数据存储在内存中，以加速数据访问速度；分布式缓存则是将数据分布在多个节点上，以提高系统的可靠性和扩展性；CDN 则是将静态资源（如图片、视频）缓存到离用户较近的节点上，以减少网络延迟和提高访问速度。根据实际需求和系统架构，选择合适的缓存技术来提高系统的性能和响应速度。

需要设计合适的缓存策略。缓存策略包括缓存更新策略、缓存淘汰策略等。缓存更新策略指的是当数据发生变化时如何更新缓存，常见的更新策略包括定时更新、基于事件的更新等；缓存淘汰策略指的是当缓存空间不足时如何淘汰缓存，常见的淘汰策略包括最近最少使用（LRU）、最少使用（LFU）等。根据实际需求和系统负载情况，选择合适的缓存策略来保证缓存的有效性和一致性。在预处理方面，可以通过离线计算和批处理技术提前对数据进行处理和计算。离线计算可以利用闲置的计算资源，对历史数据进行分析和计算，生成推荐模型所需的数据，如用户特征、商品特征、用户—商品关系等；批处理技术可以将离线计算得到的数据存储到数据库或文件系统中，并定期更新，以保证数据的及时性和准确性。通过预处理方法，可以减少实时推荐计算的时间和资源消耗，提高系统的响应速度和稳定性。除了缓存技术和预处理方法外，还可以通过负载均衡和分布式计算等技术来提高系统的性能和扩展性。负载均衡技术可以将请求分发到多个服务器上，以避免单点故障和提高系统的可靠性；分布式计算技术可以将计算任务分发到多个节点上，并通过并行计算来加速数据处理和计算，以提高系统的计算能力和效率。通过综合运用这些技术，可以设计一个高效稳定的大数据的个性化推荐系统，提高用户体验和服务质量。

第四章　社交媒体大数据分析与营销

第一节　社交媒体大数据挖掘与分析方法

一、社交媒体大数据挖掘

社交媒体大数据挖掘正在成为当今企业决策和营销活动的一项关键技术。它利用社交媒体平台上的海量数据，通过数据挖掘技术和算法来发现其中隐藏的信息、模式和趋势，以帮助企业更加深入地了解用户、把握市场，从而实现产品优化、营销精准和市场领先的目标。随着社交媒体的普及和用户规模的不断扩大，社交媒体平台成为人们日常生活中的重要组成部分。用户在社交媒体上产生了海量的数据，包括发布的文字、图片、视频，以及与他人的互动、评论、点赞等行为。这些数据蕴含了用户的兴趣、偏好、行为习惯等信息，对于企业而言，是了解用户需求、把握市场动态的宝贵资源。通过社交媒体大数据挖掘，企业可以深入挖掘这些数据，发现其中的信息、模式和趋势，从而为企业制定决策和营销活动提供有力支持。

社交媒体大数据挖掘涉及数据采集、数据清洗、数据存储、数据分析和数据可视化等多个环节。在数据采集阶段，需要通过 API 接口或网络爬虫等方式获取社交媒体平台上的数据，并将其存储到数据库中。数据清洗是指对采集到的数据进行清理和预处理，包括去重、去噪、处理缺失值等操作，以保证数据的质量和完整性。需要选择合适的数据库系统来存储大规模的数据，如关系型数据库、NoSQL 数据库等。数据分析是社交媒体大数据挖掘的核心环节，通过应用数据挖掘算法和统计分析方法，发现数据中的模式、规律和趋势。最后，通过数据可视化技术，将分析结果以图表、报告等形式直观地展现出来，帮助决策者更好地理解数据，制定相应的决策和营销策略。以电商行业为例，企业可以通过挖掘社交媒体上的用户行为数据和评论数据，了解用户对产品的评价和反馈，发现产品的优缺点，并及时调整产品设计和服务策略。同时，企业还可以通过分析用户的社交网络和关系，发现潜在的用户群体和社群，精准定位目标用户，制定个性化的营销方案，提升营销效果和用户转化率。此外，社交媒体大数据挖掘还可以帮助企业监测竞争对手的动态和用户反馈，及时调整自己的竞争策略。

二、社交媒体大数据分析方法

（一）图像和视频分析

1. 图像识别

在当今的数字时代，社交媒体已经成为人们日常生活中不可或缺的一部分。每天数以千计的图片被上传到各种社交媒体平台，如 Instagram、Facebook、Twitter、微信等（图4-1、图4-2）。这些图片不仅记录了人们的生活点滴，还成为信息传播和文化交流的重要媒介。分析社交媒体上的图片内容，识别其中的物体、场景、人物等信息，不仅有助于理解社交媒体的使用情况，也能为各种应用提供数据支持，如市场营销、用户行为分析、公共安全等。识别图片中的物体是一项基础而关键的任务。这需要依赖计算机视觉技术，特别是深度学习中的卷积神经网络（CNN）。这些技术可以自动检测和分类图片中的各种物体。例如，在一张派对照片中，系统可以识别出气球、蛋糕、礼物盒等物体，并将其分类到相应的类别中。这些信息不仅能够帮助我们理解图片的内容，还可以通过统计分析得出社交媒体上流行的物品和趋势，从而为市场营销提供数据支持。例如，如果分析发现某种品牌的手机出现在大量用户的自拍照中，品牌方可以据此评估其市场影响力和消费者喜好。场景识别是另一重要方面。场景识别不仅涉及识别图片中存在的物体，还需要理解这些物体的组合及其所处的环境。例如，一张海滩照片不仅包含沙滩、海水和太阳伞，还需要识别这是一个度假场景。通过场景识别，企业可以了解用户的兴趣爱好和生活方式，从而进行精准的广告投放。此外，场景识别在公共安全领域也有重要应用。例如，通过分析社交媒体上的图片，可以识别出灾难场景（如洪水、地震），从而及时进行救援和风险预警。

图 4-1　Instagram

图 4-2　Facebook

人物识别是社交媒体图片分析的另一个重要领域。人物识别不仅是简单的面部识别，还包括对人物的身份、表情、姿势等的识别。例如，通过面部识别技术，可以自动标记图片中的人物，并将其与社交媒体上的用户账户关联起来。这对于社交媒体平台来说非常重要，可以帮助用户更方便地找到好友并分享内容。同时，通过表情识别，系统可以分析出图片中人物的情绪状态，例如开心、悲伤、愤怒等。这些情绪信息对于企业来说具有重要的商业价值，可以用于用户体验优化、情感计算等领域。在分析社交媒体图片内容时，还需要注意文化背景和社会语境的差异。在不同文化和社会背景下，人们对于同一图像可能有不同的理解和解读。例如，在一些文化中，红色象征着喜庆和好运，而在另一些文化中则可能象征着危险和警告。因此，在进行图片内容分析时，需要结合具体的文化背景和社会语境，才能得出准确的结论。这对于跨文化的市场营销和社会研究尤为重要。隐私保护也是图片内容分析必须考虑的重要问题。社交媒体上的图片往往涉及个人隐私，如家庭照片、私人聚会等。因此，必须严格遵守相关的隐私保护法规，如欧洲的《通用数据保护条例》（GDPR）和美国的《加州消费者隐私法案》（CCPA）。技术上，可以采用一些隐私保护措施，如数据匿名化、差分隐私等，在保护用户隐私的前提下进行数据分析。随着人工智能技术的不断进步，社交媒体图片内容分析的精度和广度也在不断提升。最近的研究表明，结合自然语言处理（NLP）技术，可以更好地理解图片的语境信息。例如，通过分析图片的标题、描述和评论，可以进一步丰富对图片内容的理解。这种多模态分析技术不仅提高了图片内容识别的准确性，还能帮助我们更全面地了解社交媒体上的信息传播和用户行为。

2. 视频内容分析

在当前的数字时代，视频已成为社交媒体上最受欢迎的内容形式之一。每天都有大量视频上传到各大平台，如 YouTube、Tik Tok、Instagram、Facebook 等（图 4-3、图 4-4）。视频内容涵盖了从个人生活记录、教育教程到新闻报道和娱乐节目等广泛领域。分析社交媒体上的视频内容，通过提取关键帧、关键字幕等信息，能够帮助我们更好地理解视频内容及其背后的用户反馈。这不仅对市场营销、用户行为分析具有重要意义，还在公共安全、文化研究等领域有广泛应用。提取关键帧是视频内容分析的一个重要步骤。关键帧是指能够代表视频主要内容的静态图像。视频通常包含大量的帧，其中许多帧之间差异不大，提取关键帧可以有效地减少数据量，同时保留视频的核心信息。通过计算机视觉技术，特别是基于深度学习的算法，可以自动从视频中提取关键帧。例如，对于一段旅行视频，系统可以识别并提取出风景、地标建筑、主要活动等关键场景的帧。这些关键帧不仅可以用于视频内容的快速浏览和搜索，还能帮助我们了解视频的主要情节和结构。在提取关键帧的基础上，关键字幕的提取也至关重要。字幕通常包含视频的对话、旁白及相关文字信息，是理解视频内容的重要线索。通过自然语言处理（NLP）技术，可以自动识别和提取视频中的字幕内容。例如，在一段讲解科技产品的视频中，关键字幕可以包括产品名称、功能介绍、用户评价等信息。提取关键字幕不仅可以帮助我们更好地理解视频内容，还能用于视频的自动摘要和关键词提取，提高信息检索的效率。

图 4-3　YouTube　　　　　　　　　　　图 4-4　TikTok

了解视频内容只是视频分析的一部分，用户反馈同样重要。用户反馈通常包括评论、点赞、分享等互动行为。通过分析这些用户反馈，可以获得视频内容的受欢迎程度和用户情感等信息。例如，对于一段新产品发布的视频，用户评论可以反映出观众对产品的看法和建议。通过情感分析技术，可以进一步分析评论中的情感倾向，如积极、消极或中立。这些信息对于企业来说具有重要的商业价值，可以用于市场调研、产品改进和客户关系管理。在进行视频内容分析时，还需要考虑多模态信息的融合。视频不仅包含图像和文本信息，还包括音频、动作等多种模态。通过多模态分析技术，可以将这些不同模态的信息进行整合，从而更全面地理解视频内容。例如，对于一段音乐视频，可以同时分析图像中的舞蹈动作、音频中的音乐节奏和歌词内容。多模态分析技术不仅提高了视频内容理解的准确性，还能帮助我们发现视频中更深层次的关联信息。

视频内容分析在多个领域都有广泛应用。通过分析用户对广告视频的反馈，可以优化广告内容和投放策略。在教育领域，通过分析教学视频的观看情况和学生反馈，可以改进教学内容和方法，提升教育质量。在公共安全领域，通过分析社交媒体上的视频，可以及时发现并应对突发事件，如自然灾害、犯罪活动等。然而，视频内容分析也面临诸多挑战。首先是数据量巨大。社交媒体上的视频数量庞大，如何高效地存储、处理和分析这些视频数据是一个重要问题。其次是多样性和复杂性。视频内容形式多样，包含不同的场景、对象和活动，如何在复杂多变的环境中准确识别和理解视频内容是另一个挑战。最后，隐私保护也是一个不可忽视的问题。社交媒体上的视频往往涉及个人隐私，如家庭生活、私人活动等。

（二）社交网络分析

1. 网络结构分析

用户之间的关系网络构成了一个复杂而庞大的网络结构。通过分析这种网络结构，我们可以发现一些关键用户和具有影响力的用户，他们在整个网络中扮演着重要的角色。用户关系网络通常由用户之间的连接关系构成，这些连接关系可以是关注关系、好友关系、互动关系等。例如，在微博上，用户之间可以通过关注关系建立连接，而在 Facebook 上，则主要通过添加好友建立连接。这些连接关系构成了一个庞大的网络，其中一个节点代表一个用户，每条边代表两个用户之间的连接关系。

关键用户通常是指在整个网络中具有重要影响力和地位的用户，他们可能拥有大量的关注者或好友，或者在平台上拥有很高的活跃度和影响力。通过识别关键用户，我们可以更好地了解网络中信息传播的路径和机制，从而为内容推荐、营销策略等提供指导。例如，如果一个关键用户转发了某条信息，那么这条信息很可能会迅速传播并影响到更多的用户。除了关键用户外，还有一类特殊的用户是具有影响力的用户。具有影响力的用户通常是指在特定领域或话题上拥有专业知识和影响力的用户，他们的言论和行为往往能够引起其他用户的关注和讨论。通过识别影响力用户，我们可以更好地了解特定领域或话题的舆论动向和意见领袖，从而为舆情监测、话题分析等提供参考依据。除了关键用户和影响力用户外，社交媒体平台上的用户关系网络还存在着一些其他特点和规律。例如，用户之间的连接关系可能存在着一定的群聚现象，即某些用户之间会形成紧密的社交圈子或群体。通过分析这种群聚现象，我们可以更好地理解用户之间的社交结构和社交动态，为社交网络分析和社交关系管理提供支持。

2. 用户行为分析

在这个虚拟的世界里，用户的行为模式通过发布频率、互动行为等方面展现出来。通过分析用户在社交媒体上的行为模式，我们可以深入了解用户的活跃度、兴趣爱好以及社交行为，从而更好地理解他们的需求和行为动机。发布频率通常反映了用户对社交媒体的重视程度以及其在平台上的活跃程度。有些用户可能每天都会发布多条状态、照片或视频，而另一些用户可能会更加保守地使用社交媒体，只在特定的时间或场合下发布内容。通过分析用户的发布频率，我们可以初步了解用户对社交媒体的使用习惯以及其在虚拟社交空间中的存在感。互动行为也是分析用户社交媒体行为模式的重要指标之一。互动行为包括点赞、评论、转发等，这些行为反映了用户对他人内容的认可程度以及与他人之间的交流互动程度。一些用户可能更倾向于被动消费内容，而另一些用户则更积极地参与社交媒体平台的互动。通过分析用户的互动行为，我们可以了解用户在社交媒体上的社交活跃度，以及与他人之间的社交关系密切程度。除了发布频率和互动行为外，用户在社交媒体上的内容类型也是分析用户行为模式的重要考量因素。有些用户可能更倾向于分享生活中的点滴、个人见解或感想，而另一些用户可能更喜欢转发新闻资讯、观点评论或娱乐内容。通过分析用户发布的内容类型，我们可以进一步了解用户的兴趣爱好、价值观念以及社交圈子的特点。

（三）文本挖掘

1. 主题识别

在社交媒体上，用户讨论的主题和话题涵盖了各个领域和方面，从日常生活琐事到时事热点、娱乐资讯、科技趋势等。通过识别用户讨论的主题和话题，我们可以了解用户的关注点、兴趣爱好以及社会热点话题，从而更好地了解用户需求，为内容推荐和舆情分析提供依据。社交媒体平台上的用户产生了大量的文本内容，其中包含各种各样的话题和关键词。常用的技术包括文本分类、主题模型、关键词提取等。通过这些技术手段，我们可以将用户的文本内容进行分类和整理，从而发现其中的热门话题和关键词。热门话题通常是指在一定时间范围内被大量用户讨论和关注的话题，它们往往与时事热点、娱乐资讯、体育赛事等相关。通过分析用户的文本内容，我们可以识别其中被频繁提及的话题和关键词，从而确定热门话题。例如，在某个特定时间段内，用户可能会热议一场重大的体育赛事，或者关注某位名人的婚恋新闻，这些都可以成为热门话题。通过分析这些热门话题，我们可以了解用户的关注点和兴趣爱好，为内容推荐和营销策略提供依据。除了热门话题外，关键词也是识别用户讨论主题的重要指标之一。关键词通常是指在用户讨论的文本内容中具有较高频率的词语，它们往往能够反映文本内容的主题和核心信息。我们可以识别其中的关键词，并进一步统计它们的频率和分布情况，从而确定用户讨论的主题。例如，在一篇关于某款新手机的讨论中，可能会频繁出现一些与手机相关的关键词，如"手机""功能""性能""价格"等。通过分析这些关键词，我们可以了解用户对这款手机的讨论重点和关注点，从而更好地理解用户需求。

2. 关键词提取

关键词提取是一种文本分析技术，旨在从用户发布的内容中提取最具代表性和重要性的词语或短语，以便更好地了解用户的关注重点。通过关键词提取，我们可以识别用户在社交媒体上讨论的核心话题、关注领域以及情感倾向，从而为内容推荐、舆情分析和市场调研等提供重要依据。关键词提取通常使用自然语言处理和文本挖掘技术，其主要目标是从文本中识别出最具代表性的词语或短语。常用的关键词提取方法包括基于频率统计的方法、基于语义分析的方法以及基于机器学习的方法等。其中，基于频率统计的方法是最简单直接的方法，它通过统计词语在文本中出现的频率来确定其重要性；而基于语义分析的方法则更加注重词语之间的语义关联性，通过分析词语的语义特征和上下文信息来确定其重要性；基于机器学习的方法则利用机器学习算法从大量样本中学习词语的重要性，然后根据学习结果对新的文本进行关键词提取。

用户在社交媒体上发布的内容涉及各种各样的话题和领域，其中包含了大量的关键信息和观点。通过关键词提取技术，我们可以从用户的发布内容中提取出最具代表性和重要性的词语或短语，从而了解用户的关注重点。例如，如果一个用户经常在社交媒体上发布关于健康生活的内容，那么通过关键词提取技术，我们可能会发现一些与健康相关的关键词，如"健康""运动""饮食""心理"等，从而推断出该用户关注的重点是健康生活。除了了解用户的关注重点外，关键词提取技术还可以帮助我们识别用户的情感倾向和态度。通过分析用户发布内容中的情感词汇和情感表达，我们可以了解用户对某个话题或事件的态度和情感倾向。例如，如果一个用户在社交媒体上发布了大量关于环保的内容，并使用了一些积极的情感词汇，如"支持""赞扬""鼓励"等，那么我们可以推断出该用户对环保问题持有积极的态度和情感倾向。

第二节　大数据在社交媒体营销中的应用策略

一、跨渠道整合

（一）多渠道互动

多渠道互动是现代营销策略中至关重要的一环。随着社交媒体的兴起，企业有了更多的机会与用户进行直接互动和沟通。然而，单一平台的互动可能无法覆盖所有用户群体，因此跨越不同社交媒体平台，开展多渠道互动变得尤为重要。多渠道互动可以帮助企业拓展用户群体，提高品牌曝光度。不同的社交媒体平台有着不同的用户群体和特点，通过在多个平台上开展营销活动，企业可以覆盖更广泛的受众，吸引更多的潜在客户。比如，对于年轻人群体而言，Instagram 和 Tik Tok 可能是更适合的平台，而对于职场人士，Linked In 可能更具吸引力。通过在这些不同的平台上展示品牌形象和产品信息，企业可以吸引更多的用户关注，提高品牌知名度和曝光度。

多渠道互动可以增强用户参与度和忠诚度。不同的社交媒体平台提供了各种各样的互动方式，比如点赞、评论、分享等，通过在多个平台上与用户进行互动，可以激发用户的参与欲望，增强用户与品牌之间的情感连接。企业可以通过在社交媒体上发布有趣的内容、举办互动活动，吸引用户参与，并通过回复评论、互动，增加用户对品牌的好感度和忠诚度。除此之外，多渠道互动还可以帮助企业更好地了解用户需求和反馈。不同的社交媒体平台上用户的行为和反馈可能会有所不同，通过在多个平台上进行观察和分析，可以获取更全面和准确的用户数据。大数据在这一过程中发挥着至关重要的作用，它可以帮助企业收集、整理和分析海量的社交媒体数据，发现用户的行为模式和偏好，从而更好地优化营销策略。比如，通过分析用户在不同平台上的互动行为和评论内容，可以了解用户对产品或服务的评价和需求，为产品改进和营销活动的优化提供数据支持。多渠道互动也可以帮助企业更好地应对危机和挑战。在社交媒体时代，负面信息和舆情危机随时可能发生，通过在多个平台上建立良好的品牌声誉和互动机制，企业可以更及时地回应用户的投诉和质疑，减轻危机带来的影响。比如，当有用户在社交媒体上投诉产品质量或服务态度时，企业可以通过迅速回复、解释或补偿等方式，有效化解危机。

（二）跨渠道整合

跨渠道整合不仅是将各种营销渠道简单地并置在一起，更是通过整合不同渠道的数据、策略和活动，创造出更为有效和无缝的营销体验。它涉及将不同的营销渠道（比如社交媒体、电子邮件、搜索引擎等）结合起来，使它们相互协作、互相增强，从而实现整体营销效果的最大化。这种整合不仅是将多个渠道简单地并行运作，而是将它们打造成一个紧密联系的生态系统，使得用户在不同渠道之间的转化路径更加流畅和自然。社交媒体作为其中一个重要的营销渠道，具有独特的优势。它可以帮助企业与用户之间建立起直接、即时的沟通联系，促进品牌形象的塑造和传播。然而，单独依赖社交媒体营销往往难以实现全面的营销目标，因此需要与其他营销渠道整合。

通过将社交媒体与电子邮件营销整合起来，可以实现更为个性化和定制化的营销活动。社交媒体平台可以作为获取用户信息和了解用户兴趣的重要渠道，而电子邮件则可以用来向用户发送个性化的营销内容，从而提高用户的参与度和转化率。比如，企业可以根据用户在社交媒体上的行为和偏好，精准地发送相关产品或活动的电子邮件，从而增加用户的购买意愿和忠诚度。

将社交媒体与搜索引擎营销相结合，可以实现更为全面和有针对性的品牌曝光。通过在社交媒体上发布优质内容和互动活动，可以吸引更多的用户关注和参与，提升品牌的知名度和影响力。而通过搜索引擎优化（SEO）和搜索引擎广告（SEA），则可以将品牌信息推送给那些正在搜索相关产品或服务的用户，实现更为精准的营销效果。比如，企业可以在社交媒体上发布与品牌相关的内容，并结合关键词优化和搜索广告，使用户在搜索引擎上更容易找到他们的品牌和产品，从而提高点击率和转化率。跨渠道整合还可以通过数据分析和跟踪来实现效果的持续优化和提升。大数据在社交媒体营销中扮演着至关重要的角色，它可以帮助企业了解用户的行为和偏好，发现潜在的营销机会，并及时调整和优化营销策略。比如，通过分析用户在社交媒体上的互动行为和反馈，可以了解用户的兴趣和喜好，从而精准地推送相关内容和广告。同时，通过跟踪用户在不同渠道上的转化路径和行为轨迹，可以发现用户的偏好和购买意向，为营销活动的优化提供数据支持。

二、口碑营销和品牌建设

（一）监测品牌声誉

随着社交媒体的普及和影响力的增强，用户对品牌的评价和口碑往往在社交媒体上得到了广泛传播，因此及时监测用户在社交媒体上对品牌的评价和口碑，发现并处理负面信息，对于保护品牌形象和声誉至关重要。监测品牌声誉可以帮助企业及时发现并处理负面信息，减少危机的发生和影响。用户的评论和评价随时可能产生，而这些评论和评价往往会直接影响到其他用户对品牌的看法和选择。因此，及时监测用户在社交媒体上对品牌的评价和口碑，对于减少负面影响、保护品牌声誉至关重要。通过借助大数据技术，企业可以实时地监测社交媒体上与品牌相关的信息，快速发现潜在的负面评论和舆情危机，并及时采取相应的措施化解危机。监测品牌声誉可以帮助企业更好地了解用户需求和市场趋势。用户在社交媒体上的评论和评价往往能够反映他们的真实想法和感受，通过分析这些评论和评价，企业可以更加准确地了解用户对产品或服务的满意度、需求和偏好，从而及时调整和优化产品或服务。

监测品牌声誉还可以帮助企业发现潜在的营销机会和竞争威胁。通过分析用户在社交媒体上的评论和评价，企业可以了解竞争对手的产品或服务的优势和劣势，发现用户对竞争品牌的评价和口碑，从而及时调整自己的营销策略，提升自身竞争力。同时，企业还可以通过分析用户的需求和偏好，发现潜在的市场机会，推出符合用户需求的新产品或服务，实现市场增长和品牌价值的提升。监测品牌声誉还可以帮助企业评估营销活动的效果和影响。企业可以了解营销活动对用户的影响和反响，评估活动的效果和成效，从而及时调整和优化营销策略，提升营销活动的效果和效率。大数据在这一过程中的应用可以帮助企业快速、准确地收集和分析海量的社交媒体数据，挖掘用户的真实反馈和情感，为营销活动的评估和优化提供科学依据。

（二）利用 UGC

利用 UGC（用户生成的内容）进行口碑营销已经成为现代营销策略中一项重要手段。UGC 包括用户在社交媒体上产生的各种内容，比如评论、分享等，这些内容不仅能够传播品牌信息，还能够增强品牌影响力和认知度。利用 UGC 进行口碑营销可以增强品牌的可信度和影响力。与传统广告相比，用户生成的内容更具有说服力和可信度，因为它是由真实用户自发产生的，能够更好地传递真实的用户体验和情感。当其他用户看到他们的朋友或同行分享自己的使用体验或对产品的评价时，往往会更容易被说服，从而增强对品牌的认知度和信任度。通过将用户生成的内容整合到品牌营销活动中，企业可以有效地借助用户的口碑传播，扩大品牌影响力和认知度。利用 UGC 进行口碑营销可以增加品牌的曝光度和传播效果。用户在社交媒体上产生的内容往往能够被更多的人看到和传播，通过鼓励用户分享自己的使用体验或对产品的评价，企业可以扩大品牌的曝光度和传播范围。比如，当一个用户在社交媒体上分享了自己使用某个产品的照片或视频时，他的朋友和粉丝往往会被吸引，进而点击了解产品信息，甚至转发分享给更多人，从而形成更大范围的口碑传播效果。

利用 UGC 进行口碑营销还可以提高用户参与度和忠诚度。当 UGC 被品牌采纳和展示时，他们往往会感到被认可和重视，从而增强对品牌的好感度和忠诚度。比如，当一个用户的评论或晒单被品牌选中并展示在官方网站或社交媒体上时，他往往会感到自豪和满足，进而更加愿意与品牌保持互动和购买产品。通过鼓励用户生成内容并加以展示，企业可以增强用户的参与感和归属感，促进用户与品牌之间的情感连接，从而提高用户的忠诚度和长期价值。大数据在 UGC 口碑营销中发挥着至关重要的作用。通过大数据技术，企业可以实时地监测和分析用户在社交媒体上产生的 UGC，了解用户的兴趣和偏好，发现潜在的营销机会和挑战。比如，通过分析用户的评论和评价，可以了解用户对产品的反馈和需求，从而及时调整和优化产品或营销策略；通过分析用户的分享行为，可以了解用户的社交网络结构和影响力，从而找到影响力较大的用户并加以合作。结合大数据技术，企业可以更加科学地制定和实施 UGC 口碑营销策略，提高营销效果和 ROI。

三、结合线上线下营销

（一）整合线上线下数据

整合线上线下数据是实现全渠道营销的关键一步。通过结合社交媒体数据和线下消费数据，企业可以全面了解用户的行为和偏好，从而为跨渠道的营销活动提供支持和指导。整合线上线下数据可以帮助企业全面了解用户的消费习惯和购物路径。随着移动互联网和电子商务的发展，越来越多的消费活动发生在线上，而社交媒体作为连接线上线下的桥梁，承载着用户的购物行为和购买决策。通过整合社交媒体数据和线下消费数据，企业可以了解用户在不同渠道上的购物行为和偏好，比如在社交媒体上的搜索、浏览和分享行为，以及在线下实体店的购买记录和消费路径。企业可以更准确地了解用户的购物习惯和购买动机，为跨渠道的营销活动提供数据支持和指导。整合线上线下数据可以帮助企业更好地进行精准营销和个性化推荐。通过分析用户在社交媒体上的行为和偏好，企业可以了解用户的兴趣和喜好，从而为其推荐个性化的产品或服务。比如，当一个用户在社交媒体上搜索或浏览了某个产品的相关内容时，企业可以通过分析他的行为数据，了解他的兴趣和需求，然后向他推荐相关的产品或服务，提高购买转化率和用户满意度。通过结合线上线下数据，企业可以更精准地把握用户的需求和偏好，实现精准营销和个性化推荐。

整合线上线下数据还可以帮助企业更好地衡量营销活动的效果和 ROI。企业可以了解不同营销渠道和活动对用户的影响和反应，从而评估营销活动的效果和成效。比如，当企业在社交媒体上发布了一则广告或促销活动时，可以通过分析用户的点击量、转化率和购买行为等数据，来评估活动的效果和 ROI，提高营销效果和 ROI。通过整合线上线下数据，企业可以更全面地了解营销活动的效果和影响，为业务决策提供科学依据和数据支持。大数据在整合线上线下数据中发挥着至关重要的作用。企业可以实时收集、存储和分析海量的线上线下数据，挖掘用户的行为模式和趋势。比如可以了解用户的购物路径和决策过程，发现用户的偏好和需求，从而优化产品定位和营销策略。企业可以更加科学地整合线上线下数据，实现全渠道的数据分析和营销活动的优化，提升品牌影响力和市场竞争力。

（二）线上线下联动营销

线上线下联动营销是当今市场营销中的一项重要策略。它结合了线上社交媒体活动和线下实体店铺活动，通过互相促进、互相增强，实现全方位的品牌曝光和用户参与度提升。在数字化时代，线上社交媒体和线下实体店铺已经成为品牌营销的两大重要渠道，通过有效整合和联动，可以最大化地发挥它们的优势，提升品牌的市场影响力和用户体验。线上线下联动营销可以实现全渠道的品牌曝光。通过将线上社交媒体活动和线下实体店铺活动进行联动，品牌可以将品牌形象和产品信息在不同渠道上进行传播，实现全方位的品牌曝光。比如，品牌可以通过社交媒体发布促销活动和产品资讯，吸引用户关注并引导他们到线下实体店铺进行购买体验；同时，线下实体店铺也可以通过店内宣传和促销活动，引导顾客关注品牌的社交媒体账号，促进线上线下的互动和联动，提升品牌的曝光度和影响力。线上线下联动营销可以提高用户参与度和购买转化率。通过线上社交媒体活动，品牌可以与用户建立起直接、即时的沟通联系，吸引用户关注并参与到品牌的互动活动中。而线下实体店铺则提供了真实的产品体验和购买环境，让用户更加直观地感受到产品的质量和价值。品牌可以将用户的线上参与转化为线下实际购买行为，从而提高购买转化率和用户参与度。比如，品牌可以通过社交媒体发布优惠券和促销信息，引导用户到线下实体店铺进行消费，提高用户的购买意愿和忠诚度。

线上线下联动营销还可以实现数据的整合和分析。通过线上社交媒体活动和线下实体店铺活动的联动，品牌可以收集到更丰富和全面的用户数据，包括线上用户的浏览和购买行为，以及线下用户的消费习惯和偏好。品牌可以对这些数据进行整合和分析，了解用户的行为模式和趋势。比如，通过分析用户在社交媒体上的评论和分享行为，可以了解用户的兴趣和需求，从而调整和优化营销策略；通过分析线下实体店铺的销售数据，可以了解产品的热销情况和库存情况，为供应链管理和库存控制提供数据支持。品牌可以更全面地了解用户，实现更精准的营销策略和服务定制。大数据在社交媒体营销中的应用将进一步加强线上线下联动营销的效果和效率。品牌可以实时地监测和分析社交媒体上的用户行为和反馈，了解用户的兴趣和需求。比如，可以了解用户对产品的评价和口碑，从而调整和优化产品定位和营销策略；通过分析用户的购物路径和购买行为，可以了解用户的购买偏好和决策过程，从而优化线上线下营销活动的流程和体验。

第三节　社交媒体数据分析对品牌声誉管理的影响

一、危机管理与危机预警

（一）危机监测

危机监测是现代品牌管理中至关重要的一环，尤其在社交媒体时代，负面舆情和危机事件可能在短时间内迅速蔓延，对品牌形象和声誉造成严重损害。利用大数据技术监测社交媒体上的负面舆情和危机事件，发现问题并及时处理，成为品牌管理的重要策略之一。危机监测可以帮助企业及时发现并处理潜在的危机和负面舆情。信息传播速度快，用户观点多样，一条负面信息可能迅速在社交媒体平台上扩散，对品牌形象造成重大影响。利用大数据技术，企业可以实时监测社交媒体上的舆情动向，及时发现负面信息和危机事件，并及时采取相应的应对措施化解危机，保护品牌声誉。例如，当有用户在社交媒体上投诉产品质量或服务不满意时，企业可以通过大数据分析工具快速发现并及时回应，采取有效的解决措施，避免危机进一步扩大。危机监测可以帮助企业了解用户的态度和情感，及时调整营销策略和产品服务。通过分析社交媒体上用户的评论、反馈和情感表达，企业可以了解用户对品牌的态度和情感，发现用户的需求和痛点，提升用户满意度和品牌忠诚度。例如，企业可以了解用户对产品或服务的评价和建议，发现产品改进的方向和重点，从而及时调整产品设计和营销策略，提升用户体验和品牌声誉。

危机监测还可以帮助企业发现潜在的市场机会和竞争威胁。通过分析社交媒体上的用户行为和趋势，企业可以了解市场的变化和竞争对手的动态，发现潜在的市场机会和竞争威胁，及时调整战略。例如，通过分析竞争对手在社交媒体上的活动和用户反馈，企业可以了解竞争对手的产品优势和劣势，发现市场的空白和痛点，从而调整自己的产品定位和营销策略。社交媒体大数据分析对品牌声誉管理的影响不可忽视。企业可以更全面地了解用户的态度和情感，及时发现并处理负面舆情和危机事件，从而保护和提升品牌声誉。同时，大数据分析还可以帮助企业优化营销策略和产品服务，提升用户体验和品牌忠诚度，从而增强品牌的竞争力和市场地位。例如，企业可以了解用户的兴趣和偏好，发现潜在的营销机会和竞争威胁，从而制定更具针对性的营销策略，提升品牌的市场影响力和用户参与度。

（二）危机预警

通过数据分析和趋势预测，企业可以提前预测潜在的危机事件，及时采取措施应对，从而降低损失、保护品牌形象。大数据分析对于品牌声誉管理的影响愈发显著，因为社交媒体成为用户表达意见和情感的主要平台。危机预警可以帮助企业提前发现潜在的风险因素和危机事件。企业可以识别出异常趋势、突发事件和负面舆情，及时发现可能引发危机的线索。例如，通过分析社交媒体上用户的评论和情感表达，企业可以了解用户对产品或服务的态度和满意度，发现潜在的问题和不满，及时采取措施加以解决，避免问题扩大成为危机。此外，利用数据分析和趋势预测，企业还可以预测市场趋势和竞争动态，从而及时调整战略，应对市场变化，降低市场风险，保护品牌利益。

危机预警可以帮助企业提前采取措施，有效降低危机带来的损失。一旦发现潜在的危机因素，企业可以立即采取相应的措施，控制危机局势，降低损失。例如，如果通过数据分析发现产品存在质量问题，可能引发消费者投诉和退款，企业可以立即停止生产和销售，召回有问题的产品，并向受影响的消费者给予补偿和赔偿，尽快化解危机。此外，危机预警还可以帮助企业建立应急预案和危机处理机制，提前制定应对策略和措施，提高危机应对的效率和效果。社交媒体大数据分析对品牌声誉管理起到了至关重要的作用。社交媒体已成为用户表达意见和情感的主要平台，用户在社交媒体上发布的评论和反馈可以直接影响品牌形象和声誉。通过对社交媒体大数据的分析，发现潜在的危机因素和负面舆情，及时采取措施加以处理。例如，企业可以了解用户对产品或服务的满意度，发现产品存在的问题和痛点，及时采取措施加以改进。

（三）应用策略

加强危机管理是每个企业都必须重视的战略，尤其是在当今社交媒体时代，负面舆情可能在短时间内蔓延，对品牌形象和用户信任度造成不可估量的损害。通过及时处理负面舆情，企业可以维护品牌声誉和用户信任度，确保企业的可持续发展。而在这一过程中，社交媒体大数据分析扮演了至关重要的角色，它能够为品牌声誉管理提供全面的数据支持和洞察。加强危机管理意味着建立完善的危机管理机制和团队。企业需要建立专门的危机管理团队，明确各岗位职责和工作流程，确保在危机发生时能够迅速响应、有效应对。这个团队需要具备危机处理的专业知识和技能，能够迅速做出决策、沟通协调，有效控制危机局势。同时，企业还需要建立危机应对预案，预先制定好危机处理流程和应对措施，提高应对危机的效率和效果。

加强危机管理需要企业在日常经营中注重风险防范和预警机制的建立。企业应该加强对潜在风险因素的识别和分析，及时发现可能引发危机的因素，并采取相应的预防措施加以防范。同时，企业还需要建立健全的监测机制，通过监测舆情动向、用户反馈等手段，预警潜在的危机事件，及时做出反应，避免危机的发生。社交媒体大数据分析可以为企业提供全面的舆情监测和预警服务，通过对社交媒体上海量数据的分析，发现潜在的负面舆情和危机事件，提前采取措施加以应对。加强危机管理还需要企业建立有效的危机沟通机制和应对策略。危机发生时，企业需要及时与外界沟通，主动公布相关信息，积极回应用户关切和疑虑，争取舆论支持，避免危机扩大化。同时，企业还需要建立好内部沟通机制，保持团队间的信息共享和协作，确保在危机处理过程中保持统一战线，有效应对危机。社交媒体大数据分析可以为企业提供全面的舆情分析和用户情感洞察，帮助企业制定针对性的沟通策略和应对措施，提高沟通效果和危机应对的成功率。

二、建立积极形象

（一）发现正面反馈

发现用户的正面反馈在品牌管理中同样至关重要。尽管负面舆情可能更容易引起企业的关注，但正面评价和赞扬同样是品牌形象塑造和维护的重要组成部分。社交媒体数据分析不仅能够帮助企业发现负面反馈，还能及时捕捉到用户的正面评价和赞扬，从而进一步树立积极的品牌形象。正面反馈是品牌声誉建设的重要组成部分。积极的用户评价和赞扬可以增强品牌的可信度和认可度，促使更多的消费者信任并购买该品牌的产品或服务。正面反馈还可以增强用户的忠诚度，使其成为品牌的忠实粉丝和品牌推广者。因此，及时发现并有效利用用户的正面反馈，可以帮助企业树立良好的品牌形象，提高品牌声誉，从而获得竞争优势和商业价值。发现正面反馈有助于企业更好地了解用户需求和偏好。通过分析用户的正面评价和赞扬，企业可以了解用户对产品或服务的认可度和满意度，了解用户的购买动机和消费体验，从而调整产品设计和服务提供，满足用户需求。这种积极的反馈往往包含了用户的期望和愿望，是企业改进和创新的重要参考，有助于企业更好地把握市场动态，提高产品竞争力和市场份额。

发现正面反馈可以帮助企业建立良好的用户关系和品牌口碑。当用户的正面评价和赞扬被及时发现并回应时，用户会感受到被重视和尊重，从而增强对品牌的好感度和信任度。积极的用户关系可以带来更大范围的口碑传播和品牌推荐，吸引更多的潜在消费者选择品牌的产品或服务。这种良好的口碑效应对于企业的品牌建设和推广具有重要意义,有助于企业树立良好的品牌形象,提高品牌知名度和美誉度。社交媒体大数据分析在发现正面反馈方面发挥着重要作用。通过对社交媒体上用户的评论、分享、点赞等行为进行实时监测和分析,企业可以及时发现用户的正面评价和赞扬,了解用户的满意度和认可度,从而及时回应和回馈。社交媒体大数据分析可以帮助企业实时把握用户的情感和态度,及时调整品牌形象和营销策略,提高品牌声誉和用户满意度。例如,企业可以通过社交媒体大数据分析工具实时监测用户的评论和反馈,发现正面反馈并及时回应,加强与用户的互动和沟通,树立良好的用户关系和品牌形象。

(二)分享正面故事

分享正面故事是品牌营销中一项非常有效的策略,它不仅可以展现品牌的优势和价值观,还可以增强用户对品牌的认知和好感度,进而提升品牌的声誉和影响力。将用户的正面反馈和成功案例分享给更多的用户,可以通过社交媒体等渠道传播,扩大品牌的正面形象,促进品牌的持续发展。社交媒体大数据分析扮演着关键的角色,它能够帮助企业更好地了解用户的反馈和喜好,从而制定更有针对性的分享策略。分享正面故事可以增强品牌的正面形象和用户认知度。正面故事通常包括用户对品牌的赞扬、成功案例、感人故事等内容,通过分享这些故事,可以向用户展示品牌的优势、价值观和影响力,让用户更加了解和信任品牌。正面故事还可以传递品牌的核心价值和文化,吸引更多的用户关注和参与,提升品牌的知名度和美誉度。通过社交媒体等渠道分享正面故事,可以快速扩散,并引起用户的共鸣和回应,进而促进品牌的持续发展。分享正面故事可以增强用户对品牌的好感度和忠诚度。当用户看到其他用户的正面反馈和成功经验时,会产生认同感和共鸣感。正面故事可以帮助用户建立起与品牌的情感联系,使其更加愿意选择品牌的产品或服务,并成为品牌的忠实粉丝和品牌推广者。通过分享正面故事,品牌可以积极引导用户情感,建立积极的品牌形象和用户关系,提升用户的忠诚度和品牌价值。

分享正面故事可以提升品牌的口碑和影响力。正面故事往往具有感染力和传播力,当用户看到其他用户的正面反馈和成功案例时,会产生好奇心和兴趣,愿意了解更多关于品牌的信息,从而增加品牌的曝光度和影响力。可以实现快速传播,形成良好的口碑效应，进而提升品牌的竞争优势和市场地位。社交媒体大数据分析在分享正面故事过程中发挥着重要作用。通过对社交媒体上用户的行为和趋势进行实时监测和分析，企业可以了解用户对品牌的反馈和喜好，发现用户的正面评价和赞扬，从而及时将这些正面故事进行整理和分享。社交媒体大数据分析可以帮助企业更准确地把握用户的兴趣和需求，制定更有针对性的分享策略，提高分享效果和用户参与度。例如，通过社交媒体大数据分析工具，企业可以了解用户对不同类型的内容和形式的偏好，制订更具吸引力的正面故事分享计划，从而提高用户的点击率和转发率，扩大品牌的影响力和用户覆盖面。

三、品牌形象调整

（一）跟踪品牌形象

跟踪品牌形象是品牌管理中不可或缺的一环。特别是在当今社交媒体时代，消费者对品牌的看法和评价可以短时间内在互联网上快速传播，这使得品牌形象的维护变得更具挑战性。通过社交媒体数据分析，企业可以持续跟踪品牌在社交媒体上的形象和声誉，及时了解用户反馈和市场趋势，从而有效调整品牌定位和传播策略，提升品牌的竞争力和影响力。跟踪品牌形象可以帮助企业及时发现用户对品牌的反馈和评价。社交媒体是用户表达意见和情感的主要平台，通过监测社交媒体上用户的评论、转发、点赞等行为，企业可以了解用户对品牌的态度、满意度和期望，及时发现潜在的问题和矛盾。这种及时的反馈可以帮助企业了解市场动态和用户需求，及时调整产品设计、营销策略和服务提供，提高用户满意度和品牌忠诚度。

跟踪品牌形象可以帮助企业了解市场竞争和行业趋势。通过监测竞争对手在社交媒体上的活动和用户反馈，企业可以了解竞争对手的优势和劣势，发现市场的机遇和威胁，及时调整自己的战略。同时，通过跟踪行业领袖和专家在社交媒体上的观点和见解，企业可以了解行业的发展方向和趋势，为企业的发展和战略规划提供参考和借鉴。跟踪品牌形象可以帮助企业及时发现和处理潜在的危机和负面舆情。通过监测社交媒体上的舆情动向，企业可以及时发现可能引发危机的线索，采取相应的应对措施，防止危机扩大化。同时，通过跟踪负面舆情的来源和传播途径，企业可以找到负面舆情的根源，采取有针对性的措施加以应对，保护品牌声誉和利益。社交媒体大数据分析在跟踪品牌形象方面发挥着重要作用。通过对社交媒体上海量数据的实时监测和分析，企业可以全面了解用户对品牌的反馈和评价，发现用户的兴趣和偏好，把握市场动态和趋势。社交媒体大数据分析可以帮助企业发现用户的情感和态度，了解用户对品牌形象的认知和评价，为企业制订品牌策略和传播计划提供数据支持和指导。例如，企业可以实时监测用户的评论和反馈，了解用户对产品或服务的评价和建议。

（二）改善形象缺陷

改善品牌形象的缺陷和问题是品牌管理中的一项重要任务。通过数据分析结果，企业可以深入了解用户对品牌的看法和评价，及时发现存在的问题和不足之处，从而采取积极的措施改善和提升品牌形象。社交媒体大数据分析能够为企业提供全面的用户反馈和市场趋势分析，为品牌形象的改善提供数据支持和指导。改善形象缺陷可以帮助企业树立更加积极和正面的品牌形象。品牌形象的缺陷和问题往往会影响用户对品牌的认知和评价，降低用户的信任度和忠诚度，从而影响品牌的市场竞争力和商业价值。通过改善形象缺陷，企业可以积极回应用户的关切和诉求，解决存在的问题和矛盾，树立更加积极和正面的品牌形象，吸引更多的用户关注和支持，提升品牌的竞争优势和市场地位。改善形象缺陷可以提升用户体验和满意度。品牌形象的缺陷和问题往往会影响用户的购买决策和消费体验，降低用户的满意度和忠诚度。企业可以优化产品设计、提升服务质量，满足用户的需求和期望，提高用户的满意度和体验感，从而提升用户的忠诚度和品牌口碑。企业可以深入了解用户的需求和偏好，发现存在的问题和痛点。

改善形象缺陷可以提升品牌的竞争力和市场份额。品牌形象的缺陷和问题往往会影响品牌的市场表现和商业价值，降低品牌的竞争力和市场份额。企业可以提升品牌的知名度和美誉度，增强品牌的竞争力和吸引力，从而扩大市场份额。企业可以了解市场动态和竞争环境，发现存在的问题和挑战，及时调整战略和措施，提升品牌的竞争力和市场地位。社交媒体大数据分析在改善形象缺陷方面发挥着重要作用。通过对社交媒体上用户的评论、反馈和行为进行实时监测和分析，企业可以了解用户对品牌的态度和评价，发现存在的问题和不足之处。社交媒体大数据分析可以帮助企业全面了解用户的反馈和市场趋势。例如，企业可以发现用户对产品或服务的投诉和负面反馈，及时采取措施加以解决，从而改善用户体验和品牌声誉。同时，社交媒体大数据分析还可以发现用户的需求和偏好，为企业提供改善形象的参考和建议，帮助企业改善策略和措施。

第五章　大数据驱动的内容营销策略

第一节　大数据在内容营销中的价值与作用

一、大数据在内容营销中的价值

（一）深入了解受众

1. 精准定位受众

精准定位受众是内容营销中的关键一步，而大数据分析在这方面发挥了重要作用。通过对大数据的分析，营销人员可以深入了解受众的兴趣、偏好、行为和需求，从而精准地定位目标受众群体，为内容营销提供有力的支持和指导。大数据分析可以帮助营销人员了解受众的兴趣和偏好。通过分析受众在互联网上的浏览历史、搜索记录、社交媒体行为等数据，可以发现受众感兴趣的内容和话题，了解他们的喜好和爱好。例如，某个用户在社交媒体上频繁关注健身话题，搜索健身器材的价格，浏览健身教程的网站，这些行为都表明该用户对健身领域比较感兴趣。营销人员可以准确把握受众的兴趣和偏好，为其量身定制相关内容，提高内容的吸引力和观看率。大数据分析可以帮助营销人员了解受众的行为和消费习惯。通过分析受众在互联网上的购物记录、在线观看行为、社交媒体分享等数据，可以了解他们的消费行为和购买偏好。例如，某个用户经常在网上购买健身器材，观看健身教程视频，并分享自己的健身成果，这些行为都表明该用户是一个具有健身需求的潜在客户。营销人员可以了解受众的购买偏好和消费习惯，为其推荐相关产品或服务，提高销售转化率和客户满意度。

大数据分析可以帮助营销人员了解受众的特征和属性。通过分析受众的年龄、性别、地理位置、教育程度、职业等基本信息，可以深入了解受众的人口统计学特征，从而更好地理解他们的需求和行为。例如，某个产品针对的目标受众是年轻的都市白领，通过大数据分析可以了解到这部分受众的年龄分布集中在25~35岁，主要集中在一、二线城市，具有较高的购买能力和消费水平。营销人员可以精准地定位目标受众群体，为其量身打造相关内容，提高内容的针对性和有效性。大数据分析还可以帮助营销人员了解受众的情感和态度。通过分析受众在社交媒体上的言论、评论、情感表达等数据，可以了解他们对不同话题和事件的情感倾向和态度。例如，某个话题在社交媒体上引发了热议，大部分用户都表达了积极的态度和支持的观点，这表明该话题具有较高的热度和受欢迎程度。营销人员可以把握受众的情感和态度，为其量身制定相关内容，提高内容的亲和力和共鸣度。

2. 人群分析

通过大数据技术进行深入的人群分析，可以帮助营销人员更好地了解受众，识别出具有相似特征和行为模式的用户群体，从而为内容创作和推广提供有针对性的指导。人群分析可以帮助营销人员更好地理解受众。营销人员可以收集和分析海量的用户数据，包括用户的基本信息、兴趣爱好、购买行为、社交互动等多方面的数据，从而全面了解受众的特征和行为模式。例如，某款产品的目标受众是年轻的时尚女性，通过人群分析可以了解到这部分受众的年龄段、地理位置、消费习惯、喜好品牌等信息，为后续的内容创作和推广提供参考依据。

人群分析可以帮助营销人员识别出具有相似特征和行为模式的用户群体。营销人员可以利用数据挖掘和机器学习算法对用户数据进行聚类和分类，从而识别出具有相似特征和行为模式的用户群体。例如，通过对用户的购买行为和偏好进行聚类分析，可以将用户划分为不同的消费群体，如高端消费群体、价格敏感消费群体等，为不同群体的内容推广提供个性化的策略和方案。人群分析可以帮助营销人员发现潜在的受众需求和市场机会。营销人员可以挖掘用户数据中的隐藏信息和关联规律，发现受众的潜在需求和市场趋势，从而为产品开发和营销策略提供指导。例如，通过分析用户在社交媒体上的言论和评论，可以了解用户对某个领域或话题的关注度和热度，为相关内容的创作和推广提供灵感和方向。人群分析可以帮助营销人员提高内容营销的效果和效率。通过对受众进行精准的人群分析，营销人员可以根据不同受众群体的特征和偏好，量身定制内容和推广策略，提高内容的针对性和吸引力，从而提高内容的观看率和转化率。例如，针对不同的受众群体，可以选择不同的内容形式和推广渠道，制定个性化的内容营销方案，提高内容的曝光度和传播效果。

（二）创新内容创作

创新内容创作是内容营销中的重要策略之一，根据趋势分析结果创作与时事相关的内容，可以吸引用户的关注和参与，从而增强品牌的影响力和话题度。大数据在内容营销中的价值在于它提供了对趋势和用户行为的深入洞察，为内容创作提供了重要的指导和支持。创新内容创作可以帮助品牌吸引用户的关注和参与。用户对内容的获取和消费方式发生了巨大变化，他们更加倾向于获取新鲜、有趣、有价值的内容。品牌可以抓住用户的兴趣点，提供符合用户需求的内容，从而吸引用户的关注和参与。例如，某个品牌根据大数据分析结果，发现某个热门话题在社交媒体上引发了热议，于是及时推出与该话题相关的内容，吸引了大量用户的关注和参与，提升了品牌的影响力和话题度。

创新内容创作可以帮助品牌增强品牌的影响力和话题度。随着竞争的加剧和用户需求的不断变化，品牌需要不断创新内容，提升品牌的话题度和吸引力。品牌应与时俱进，及时把握用户的关注点和热点话题，提供符合用户期待的内容。例如，发现某个新兴领域具有较高的关注度和热度，可以及时推出与该领域相关的内容，从而引起用户的广泛关注和讨论，提升品牌的知名度和影响力。创新内容创作可以帮助品牌树立良好的品牌形象和口碑。在内容营销中，品牌的形象和口碑对于用户的购买决策和品牌忠诚度至关重要。品牌可以展现自己的专业知识和行业见解，提升用户对品牌的认知和信任，从而树立良好的品牌形象和口碑。例如，某个品牌依据大数据分析发现某个热门话题与自己的产品或服务密切相关，于是及时推出了与该话题相关的内容，展示了自己的专业水平和行业影响力，赢得了用户的认可和好评，提升了品牌的形象和口碑。大数据在内容营销中的价值主要体现在它提供了对趋势和用户行为的深入洞察。通过对海量的用户数据进行收集和分析，大数据可以发现用户的兴趣、偏好、行为模式等信息，帮助品牌更好地了解受众，把握用户的关注点和需求，为内容创作提供重要的指导和支持。例如，通过分析用户在社交媒体上的言论、评论、分享等数据，可以了解用户对不同话题和事件的关注度和态度，为品牌提供创新内容创作的灵感和方向。

二、大数据在内容营销中的作用

通过大数据分析用户行为和社交网络关系，可以发现新的受众群体和潜在客户，从而拓展营销渠道和覆盖范围，增加品牌的曝光度和用户基数。大数据在内容营销中的作用不仅是提供数据支持，更是为营销策略的制定和执行提供关键的洞察和指导。大数据分析用户行为和社交网络关系可以帮助企业发现新的受众群体。通过收集和分析海量的用户数据，企业可以深入了解受众的兴趣、偏好、行为模式等信息，发现潜在的用户群体。例如，某个企业通过大数据分析发现，在社交媒体上存在一群热衷于健康生活的用户，他们经常关注健身、健康饮食等相关话题，具有较高的消费能力和购买意愿。通过对这些用户的行为和偏好进行分析，企业可以将其纳入目标受众范围，为其量身定制相关内容和推广活动，吸引其关注和参与，从而拓展营销渠道和覆盖范围。大数据分析用户行为和社交网络关系可以帮助企业发现新的潜在客户。通过对用户在社交媒体上的行为和互动进行分析，企业可以了解到用户的社交网络关系和影响力，发现潜在的意见领袖和品牌传播者。例如，某个用户在社交媒体上拥有大量粉丝，并经常分享和推荐健身产品或服务，这表明该用户具有较高的影响力和品牌推广价值。通过对这些用户的行为和影响力进行分析，企业可以将其纳入潜在客户范围，与其建立合作关系，共同推广产品或服务，扩大品牌曝光度和用户基数。

大数据分析用户行为和社交网络关系还可以帮助企业识别潜在的市场机会和趋势。通过对用户在社交媒体上的言论、评论、分享等数据进行分析，企业可以了解到用户对不同话题和事件的关注度和态度，发现潜在的市场需求和热点话题。例如，某个品牌通过大数据分析发现，在社交媒体上存在一群用户对环保产品或服务表现出较高的关注度和支持态度，这表明环保领域具有较大的市场潜力和发展空间。企业可以及时调整产品或服务的定位和推广策略，抓住市场机会，实现业务增长和发展。大数据分析用户行为和社交网络关系还可以帮助企业优化营销策略和资源配置。通过对用户行为和社交网络关系进行分析，企业可以了解到不同受众群体的特征和偏好，选择合适的营销渠道和推广方式，提高营销效果和资源利用率。例如，在社交媒体上存在一群年轻用户，他们更倾向于通过视频内容获取信息和娱乐，于是企业可以增加视频内容的制作和推广，吸引这部分用户的关注和参与，提升品牌曝光度和用户基数。

第二节　内容分发平台数据分析与优化

一、大数据驱动的内容分发平台数据分析

（一）平台运营分析

1. 流量来源分析

大数据驱动的内容分发平台数据分析为企业提供了深入了解流量来源的机会，评估不同渠道的效果和投入回报，从而优化营销策略并提升业务绩效。流量来源分析有助于企业了解不同渠道的流量质量和效果。企业可以追踪和监测各个流量来源渠道的数据，包括搜索引擎、社交媒体、广告投放等，了解每个渠道的流量规模、转化率、平均停留时间等指标。这些数据可以帮助企业评估不同渠道的流量质量和效果，确定哪些渠道能为企业带来更多的目标用户和转化机会，从而优化资源投入和流量分配，提升整体营销效果。流量来源分析有助于企业发现潜在的增长机会和挑战。企业可以发现不同流量来源渠道之间的差异和趋势，了解哪些渠道具有潜在的增长空间，哪些渠道存在着挑战和障碍。例如，某个企业通过分析发现，搜索引擎是其主要的流量来源之一，但社交媒体渠道的流量增长速度更快，存在着较大的增长潜力。通过发现这些增长机会和挑战，企业可以调整营销策略，重点关注潜在的增长渠道，提升业务绩效和市场竞争力。

流量来源分析有助于企业优化资源投入和流量分配。企业可以了解到每个流量来源渠道的投入成本和回报率，从而确定哪些渠道的投入效果最好，哪些渠道的投入效

果较差。这些数据可以帮助企业优化资源投入和流量分配，将更多的资源投入效果较好的渠道，减少对效果较差的渠道的投入，提升整体营销效果和ROI。例如，虽然某个广告投放渠道的投入成本较低，但转化率和ROI较低，而搜索引擎渠道的投入成本较高，但转化率和ROI较高。通过这些数据分析，企业可以调整资源投入策略，提升整体营销效果和业务绩效。流量来源分析有助于企业制订更有效的营销策略和计划。企业可以了解到不同流量来源渠道的用户特征、偏好和行为模式，从而针对性地制订营销策略和计划。例如，来自搜索引擎的流量主要集中在用户搜索关键词时，而来自社交媒体的流量主要集中在用户浏览朋友圈时。针对这些不同的行为模式，企业可以采取不同的营销策略，例如在搜索引擎上进行关键词广告投放，在社交媒体上进行品牌宣传和内容推广，从而提高营销效果和用户参与度。

2. 平台运营效果评估

通过大数据驱动的内容分发平台数据分析，企业可以根据关键指标（KPI）评估平台的整体运营效果，发现问题并及时调整优化策略。平台运营效果评估可以帮助企业了解平台的整体表现和效果。企业可以收集和分析各种平台运营指标，包括流量、用户活跃度、转化率、用户满意度等，了解平台的整体表现和效果。这些数据可以帮助企业评估平台的运营效果，确定哪些方面表现良好，哪些方面存在问题，从而及时调整优化策略，提升平台的整体运营效果和用户体验。平台运营效果评估可以帮助企业发现潜在的问题和挑战。企业可以发现平台运营中存在的问题和挑战，如流量下降、用户流失、转化率低等，从而及时采取措施解决这些问题，避免影响平台的正常运营和发展。例如，某个企业通过大数据发现平台的用户流失率较高，主要集中在注册后未进行任何操作的用户群体，于是企业采取了一系列措施，如优化注册流程、增加用户引导等，成功降低了用户流失率，提升了平台的整体运营效果。

平台运营效果评估可以帮助企业优化资源配置和投入策略。企业可以了解到不同方面的运营效果和投入回报率，从而确定哪些方面的投入效果较好，哪些方面的投入效果较差，进而调整资源配置和投入策略，提高整体运营效率和ROI。基于数据分析结果，企业可以适当增加在社交媒体上的广告投放预算，减少在搜索引擎上的广告投放预算，优化资源配置和投入策略，提升整体运营效果和业务绩效。平台运营效果评估可以帮助企业提升用户体验和满意度。企业可以了解到用户对平台的使用情况和反馈意见，发现用户存在的问题和需求，从而及时采取措施改善用户体验和满意度。

（二）内容趋势分析

1. 热点话题识别

通过文本挖掘和主题建模技术，结合大数据驱动的内容分发平台数据分析，企业可以识别出当前热门话题和关键词，发现用户关注的内容趋势，从而及时调整内容策略，提升用户参与度和平台影响力。热点话题识别可以帮助企业把握用户关注的内容趋势。企业可以收集和分析平台上用户发布的大量内容，利用文本挖掘和主题建模技术从中提取关键词和主题信息，识别出当前热门话题和热点事件。这些热点话题和关键词反映了用户关注的内容趋势和热点话题，可以帮助企业了解到用户的兴趣和需求，及时调整内容策略。热点话题识别可以帮助企业发现潜在的内容机会和创作灵感。企业可以发现平台上存在的热门话题和关键词，了解到用户对不同话题的关注度和态度，从而发现潜在的内容机会和创作灵感。例如，企业通过大数据分析发现平台上存在一些关于健康生活、科技创新、环保保护等方面的热门话题和关键词，用户对这些话题表现出较高的关注度和积极的态度，于是企业可以针对这些热门话题和关键词开展相关内容创作和推广，吸引用户关注和参与，提升平台的影响力和用户基数。

热点话题识别可以帮助企业发现竞争对手的动态和策略。企业可以了解到竞争对手在平台上发布的内容情况和用户反馈，发现竞争对手的热点话题和关键词，了解到竞争对手的内容策略和运营模式。这些数据可以帮助企业分析竞争对手的优势和劣势，借鉴其成功经验，及时调整自身的内容策略和运营模式，提升自身的竞争力和影响力。例如，竞争对手在平台上发布的某个热门话题内容受到了用户的广泛关注和积极反馈，于是企业可以借鉴其内容策略和运营模式，加强对该话题内容的创作和推广，提升自身在平台上的影响力和用户基数。热点话题识别可以帮助企业提升内容推荐和个性化服务水平。企业可以了解到用户对不同话题和关键词的兴趣和偏好，发现用户的个性化需求和行为模式，从而优化内容推荐和个性化服务。例如，用户对某个热门话题和关键词表现出较高的兴趣和积极参与度，企业可以根据用户的兴趣和偏好推荐相关内容，增加用户黏性和活跃度。

2. 内容生命周期分析

通过对内容在不同阶段的表现进行分析，可以更好地了解内容的持续影响力和变化趋势，从而指导内容策略的调整和优化。大数据驱动的内容分发平台数据分析在内容生命周期分析方面发挥着关键作用，能够为企业提供丰富的数据支持和洞察，帮助企业更好地理解内容表现和用户反馈。内容生命周期分析有助于企业了解内容的发布和曝光情况。企业可以追踪和监测内容在平台上的发布和曝光情况，了解内容的发布时间、发布频率、曝光量等关键指标。这些数据可以帮助企业评估内容的曝光效果和传播范围，了解到内容在不同时间段和不同平台上的表现情况，为后续内容策略的制定提供参考依据。例如，某个内容在发布后的前几天曝光量较高，但随着时间的推移曝光量逐渐下降，说明该内容的曝光效果不够持久，需要调整发布策略或内容形式，提升内容的持续曝光效果和影响力。内容生命周期分析有助于企业了解内容的关注度和用户反馈。企业可以收集和分析用户对内容的点击、点赞、评论、转发等行为数据，了解用户对内容的关注度和参与程度。这些数据可以帮助企业评估内容的受欢迎程度和用户反馈，了解用户对内容的喜好和偏好。例如，某个内容在发布后收到了大量用户的点赞和评论，但转发量较少，说明该内容的受欢迎程度较高，但传播范围有限，需要加强内容的传播力度，提升内容的持续影响力和传播效果。

内容生命周期分析有助于企业了解内容的衰退和更新情况。企业可以追踪和监测内容在不同阶段的表现情况，了解内容的衰退速度和更新频率。这些数据可以帮助企业评估内容的持续影响力和变化趋势，发现内容的衰退和更新规律，提升内容的持续影响力和用户参与度。例如，某个内容在发布后的前几天受到了大量用户的关注和参与，但随着时间的推移用户参与度逐渐下降，说明该内容的生命周期较短，需要及时更新或推出新的内容，保持用户的持续关注和参与。内容生命周期分析有助于企业优化内容策略和运营模式。企业可以了解到不同内容在不同阶段的表现情况，了解到用户对不同类型和形式的内容的喜好和偏好，发现内容的优势和劣势。这些数据可以帮助企业优化内容策略和运营模式，选择合适的内容形式和发布时机。

二、大数据驱动的内容分发平台数据优化

（一）用户体验优化

1. 页面加载速度优化

用户在浏览网站时可能会出现页面加载速度慢的瓶颈和问题，企业应优化页面结构和内容加载方式，从而提升用户体验和网站性能。页面加载速度对用户体验和网站业绩有着直接的影响。随着互联网的发展，用户对网页加载速度的要求越来越高，对于加载速度慢的网页，用户容易产生不耐烦从而流失，进而降低了用户的满意度和忠诚度。而且，页面加载速度也直接影响着网站的转化率和收益，加载速度慢的网页容易导致用户流失和转化率下降，影响网站的业绩和盈利能力。因此，及时发现页面加载速度慢的瓶颈和问题，并采取有效的优化措施，对于提升用户体验和网站性能至关重要。大数据驱动的内容分发平台数据分析可以帮助企业深入了解用户访问数据。通过分析用户访问数据，企业可以了解到不同页面的访问量、访问路径、访问时长等关键指标，发现哪些页面的加载速度较慢，以及可能导致加载速度慢的原因和问题。例如，某个重要页面的访问量较高，但加载速度较慢，用户的平均停留时间较短，可能是由于页面结构复杂、图片过大或者服务器响应时间过长等原因，需要及时采取优化措施（图5-1）。

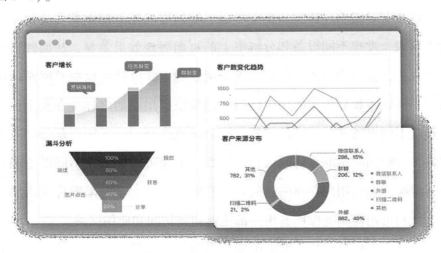

图5-1　用户体验优化界面图

大数据驱动的内容分发平台数据分析可以帮助企业优化页面结构和内容加载方式，提升页面加载速度和用户体验。企业可以了解到用户的设备类型、网络环境、地理位置等信息，从而针对不同用户群体采取不同的优化策略。例如，对于移动端用户，可以采用响应式设计和图片压缩等技术减少页面大小和请求次数，提升页面加载速度；对于网络环境较差的用户，可以采用预加载和延迟加载等技术优化内容加载方式。通过这些优化措施，企业可以有效地提升页面加载速度和用户体验，增加用户的满意度和忠诚度。大数据驱动的内容分发平台数据分析可以帮助企业监测和评估页面加载速度优化的效果和影响。企业可以了解到页面加载速度优化前后的用户行为变化，包括访问量、停留时间、转化率等关键指标，从而评估优化效果和影响。例如，页面加载速度优化后，用户的平均停留时间和转化率明显提升，用户的投诉和流失率明显下降，说明优化措施取得了良好的效果，提升了用户体验和网站业绩。

2. 响应式设计

根据不同设备和分辨率的用户访问数据，优化页面设计和布局，实现响应式设计，企业可以为用户提供更好的跨平台体验，无论用户使用的是桌面电脑、平板电脑还是手机，都能够获得一致且友好的用户体验。响应式设计可以提升用户体验和用户满意度。随着移动互联网的发展，用户已经习惯了随时随地访问网站，而不再局限于传统的桌面设备。因此，为了满足用户的需求，网站必须能够适应不同设备和分辨率的屏幕，提供一致且友好的用户体验。企业可以了解到用户在不同设备和分辨率上的访问习惯和行为模式，发现不同设备和分辨率上的页面展现效果差异，从而针对性地进行响应式设计优化，提升用户体验和用户满意度。响应式设计可以提升网站的可访问性和可用性。不同设备和分辨率的用户访问数据反映了用户的多样性和复杂性，如果网站不能够适应不同设备和分辨率的屏幕，就会导致部分用户无法正常访问或者无法正常使用网站，影响到网站的可访问性和可用性。企业可以了解到不同设备和分辨率上的用户访问情况，发现用户存在的访问障碍和问题，从而及时采取优化措施，提升网站的可访问性和可用性，确保所有用户都能够顺畅访问和使用网站。

响应式设计可以提升网站的搜索引擎排名和流量来源。搜索引擎对网站的响应式设计进行了认可，并将其作为搜索排名的一个重要因素之一。因此，通过采用响应式设计优化，可以提升网站在搜索引擎上的排名和曝光度，增加网站的流量来源和用户访问量。企业可以了解到不同设备和分辨率上的用户访问来源和流量情况，发现哪些设备和分辨率上的流量来源较多，哪些设备和分辨率上的用户转化率较高，提升网站的搜索引擎排名和流量来源。响应式设计可以提升网站的品牌形象和竞争力。用户已经习惯了跨平台访问网站。因此，如果网站不能够提供一致且友好的用户体验，就会给用户留下不良印象，影响到网站的品牌形象和竞争力。企业可以了解用户在不同设备和分辨率上的访问行为和反馈意见，发现存在的问题和改进空间，提升网站的品牌形象和竞争力。

（二）流量优化

SEO（Search Engine Optimization）优化是指通过优化网站内容和结构，提高在搜索引擎中的排名，从而增加有机流量的过程。大数据驱动的内容分发平台数据优化在SEO优化中发挥着重要作用，可以通过分析搜索引擎数据和关键词排名，洞察用户搜索行为和搜索引擎算法，优化网站内容和结构，提升在搜索引擎中的排名和曝光度，从而增加有机流量，提升网站的用户转化率和实现业绩增长。SEO优化可以帮助企业提升在搜索引擎中的排名和曝光度。越来越多的用户通过搜索引擎来获取信息和服务，搜索引擎已经成为用户获取信息的主要途径之一。因此，优化在搜索引擎中的排名和曝光度对于企业来说至关重要，可以帮助企业吸引更多的有机流量。企业可以了解到用户的搜索行为和搜索偏好，发现用户关注的热门话题和关键词，从而优化网站内容和结构。例如，某个关键词的搜索量较高，但在搜索引擎中的排名较低，可以针对性地优化网站内容和结构，提升该关键词的排名和曝光度，吸引更多的有机流量。

SEO优化可以帮助企业了解用户搜索行为和需求。企业可以了解到用户在搜索引擎中输入的关键词和搜索意图，发现用户的搜索偏好和需求特点。这些数据可以帮助企业了解到用户关注的热门话题和关键词，了解到用户的搜索意图和需求特点，为后续内容创作和推广提供参考依据。SEO优化可以帮助企业提升网站的用户转化率和实现业绩增长。企业可以了解到用户通过搜索引擎访问网站的行为和转化情况，发现用户的转化路径和关键转化点。这些数据可以帮助企业了解用户的行为轨迹和购买意向，为后续营销活动和用户服务提供参考依据。例如，用户通过搜索引擎访问网站后转化率较低，可能是由于网站内容和结构不够吸引人，用户体验不佳。

第三节　用户生成内容（UGC）的数据分析与管理

一、用户生成内容（UGC）的数据分析

（一）NLP 技术

在当今数字化社会中，用户生成内容（UGC）扮演着至关重要的角色，成为人们获取信息、表达观点和分享经验的主要渠道之一。然而，随着 UGC 的不断增长，要从中准确提取出关键词和短语以了解用户关注的主题和话题变得更加困难。为了解决这一问题，自然语言处理（NLP）技术应运而生。通过 NLP 技术，我们可以对 UGC 进行文本分析，提取其中的关键词和短语，从而深入理解用户的需求、兴趣和情感。使用 NLP 技术进行关键词提取可以帮助企业深入了解用户关注的主题和话题。随着社交媒体和在线论坛等平台的普及，用户在这些平台上产生的大量 UGC 包含了丰富的信息，反映了用户的需求、兴趣和情感。然而，要从这些 UGC 中准确提取出关键词和短语并不容易。通过使用 NLP 技术，识别出其中的关键词和短语，并对它们进行分类和统计，从而洞察用户关注的主题和话题。例如，某家电企业可以通过 NLP 技术对社交媒体上的用户评论进行分析，提取出其中涉及的产品特点、使用体验和服务反馈等关键词和短语，从而了解用户对产品的评价和需求（图 5-2）。

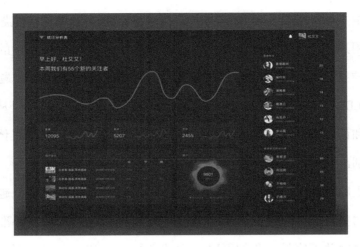

图 5-2　用户生成内容（UGC）的数据分析操作界面图

使用 NLP 技术进行关键词提取可以帮助企业发现潜在的市场机会和趋势。随着用户在互联网上的行为越来越多地表现出个性化和多样化，要准确把握用户的需求和趋势变得更加困难。然而，使用 NLP 技术进行关键词提取，我们可以发现用户在 UGC 中频繁提及的关键词和短语，从而发现潜在的市场机会和趋势。例如，某家餐饮企业可以通过 NLP 技术对在线评论进行分析，提取出用户经常提到的食物口味、服务质量和价格等关键词和短语，从而发现用户对特定菜品或服务的偏好和需求，为企业的产品开发和营销提供参考依据。使用 NLP 技术进行关键词提取可以帮助企业监测和评估品牌声誉和用户情感。用户在这些平台上对品牌和产品的评价和讨论成为影响消费者购买决策的重要因素之一。然而，要准确把握用户的情感和态度并不容易。我们可以识别出用户在 UGC 中表达的情感和态度，从而监测和评估品牌声誉和用户情感。例如，某汽车企业可以通过 NLP 技术对社交媒体上的用户评论进行分析，提取出其中涉及的产品特点、购买体验和售后服务等关键词和短语，并分析其中的情感倾向，从而了解用户对品牌的态度和情感，及时调整营销策略和品牌形象。

（二）主题建模

主题建模是一种强大的工具，可以帮助企业深入了解用户生成内容（UGC）中所涉及的主题和话题，从而洞察用户的需求、兴趣和情感。其中，Latent Dirichlet Alloca-tion（LDA）是主题建模中最为常用的算法之一，通过对文本数据进行概率建模，将文档表示为一组主题的混合，从而识别出文档中潜在的主题结构。主题建模可以帮助企业深入了解用户讨论的主题和话题。用户在这些平台上产生了大量的 UGC，其中涉及了各种各样的主题和话题。然而，要从这些 UGC 中准确识别出主题和话题并不容易。通过使用 LDA 算法进行主题建模，识别出其中的潜在主题结构，从而深入了解用户讨论的主题和话题。例如，某家电企业可以通过 LDA 算法对社交媒体上的用户评论进行分析，识别出其中涉及的产品特点、使用体验和服务反馈等主题。主题建模可以帮助企业确定主题的相关性和热度。随着用户在互联网上的行为越来越个性化和多样化，用户讨论的主题和话题也变得越来越多样化和复杂化。然而，要准确把握主题之间的相关性和热度并不容易。我们可以对主题进行聚类和排序，从而确定主题之间的相关性和热度。例如，某家餐饮企业可以通过 LDA 算法对在线评论进行分析，识别出其中涉及的食物口味、服务质量和价格等主题，并确定它们之间的相关性和热度，从而了解用户对不同主题的关注程度和讨论热度。

主题建模可以帮助企业发现潜在的市场机会和趋势。例如，某家汽车企业可以通过 LDA 算法对社交媒体上的用户评论进行分析，识别出其中涉及的车辆性能、安全性和外观设计等主题，并发现用户对某些特定车型或功能的关注程度和讨论热度，从而为企业的产品开发和营销提供参考依据。主题建模可以帮助企业监测和评估 UGC 的质量和效果。然而，要准确评估 UGC 的质量和效果并不容易。我们可以对 UGC 进行质量和效果评估，识别出其中的潜在问题和改进空间。例如，某家电商企业可以通过 LDA 算法对用户评价进行主题建模，发现其中存在的产品质量问题或服务不足之处，及时调整和优化产品和服务，提升 UGC 的质量和效果。

二、用户生成内容（UGC）的数据管理

（一）数据保护

数据权限管理在处理用户生成内容（UGC）的大数据管理中至关重要。它涉及设定适当的权限策略和访问控制机制，以确保只有授权人员可以访问和处理 UGC 数据，从而保护用户的隐私和数据安全，同时遵循相关的法律法规和行业标准。数据权限管

理是保护用户隐私和数据安全的重要手段。随着互联网的普及和移动设备的普及，用户在网络上产生了大量的 UGC，包括文字、图片、视频等各种形式的数据。这些 UGC 数据可能涉及用户的个人信息、偏好和行为，具有很高的敏感性和隐私性。因此，对 UGC 数据的访问和处理必须进行严格的权限控制，确保只有授权人员可以访问和处理，防止未经授权的人员获取和滥用用户的个人信息。例如，某家社交媒体平台需要对用户上传的照片和视频进行权限管理，确保只有用户自己和其授权的人员可以查看和下载，保护用户的隐私和数据安全。

数据权限管理是确保数据合规性和合法性的重要保障。在处理 UGC 数据时，企业必须遵守相关的法律法规和行业标准，包括《个人信息保护法》《网络安全法》等，保护用户的合法权益，防止数据泄露和滥用。因此，企业需要制定合适的数据权限策略和访问控制机制，确保数据的合规性和合法性。例如，某家电商企业需要对用户的购物记录和个人信息进行权限管理，根据用户的身份和需求设置不同的访问权限，避免出现违法行为和法律风险。数据权限管理是提升数据管理效率和运营效果的重要手段。通过合适的数据权限管理，企业可以对不同层级和部门的人员进行权限划分，根据其职责和需求设置不同的数据访问权限，从而实现数据的分级管理和精细化控制。这样一来，企业可以更好地保护用户隐私和数据安全，降低数据泄露和滥用的风险，提升数据管理效率和运营效果。例如，某家金融机构需要对客户的财务数据进行权限管理，根据员工的岗位和职责设置不同的数据访问权限，确保只有经过授权的员工可以查看和处理客户的财务数据，提高数据管理的精准性和效率。

（二）数据治理

1. 数据质量管理

随着 UGC 数据规模的增长和多样性的提升，确保数据的准确性、完整性、一致性和可信度成为企业面临的挑战之一。数据质量管理旨在通过有效的措施和流程，监控、评估和改进 UGC 数据的质量，以确保数据满足业务需求，为决策提供可靠的支持。数据质量管理是数据满足业务需求的关键保障。企业需要处理各种类型、来源和格式的 UGC 数据，这些数据可能存在着各种质量问题，如数据不完整、不准确、不一致等。

如果企业未能有效管理和改进 UGC 数据的质量，将会导致数据分析和决策的失效和错误，影响业务运营和发展。因此，通过实施数据质量管理措施，可以有效监控和评估 UGC 数据的质量，及时发现和纠正数据质量问题，确保数据满足业务需求。

数据质量管理是提高数据准确性和可信度的重要手段。数据的准确性和可信度对于数据分析和决策具有至关重要的影响。如果 UGC 数据存在着较大的误差和偏差，将会影响数据分析的结果和决策的效果。因此，可以有效提高 UGC 数据的准确性和可信度，减少数据误差和偏差，提升数据分析和决策的精度和可靠性。例如，企业可以建立数据质量评估指标和评估模型，对 UGC 数据进行质量评估和监控，提高数据的准确性和可信度。数据质量管理是优化数据流程和提高工作效率的重要途径。数据的质量问题可能导致数据分析和决策的延迟和错误，影响工作效率和业务运营。因此，可以优化数据流程，提高工作效率和业务运营效果。例如，企业可以建立数据质量管理团队和流程，负责监控和改进 UGC 数据的质量，建立数据质量评估和反馈机制。数据质量管理是增强数据竞争力和创新能力的关键因素。数据被认为是企业的重要资产和竞争优势，对数据的质量要求也越来越高。可以有效提高 UGC 数据的质量，增强数据的竞争力和创新能力。例如，企业可以通过优化数据流程和提高数据准确性，为产品研发、市场营销和客户服务提供更准确、更可靠的数据支持，提升企业的竞争力和创新能力。

2. 数据安全审计

数据安全审计在处理用户生成内容（UGC）的大数据管理中扮演着至关重要的角色。随着大数据的快速发展和广泛应用，企业面临着越来越多的数据安全威胁和挑战，如数据泄露、数据篡改、未经授权的访问等。因此，通过定期进行数据安全审计，可以发现和纠正数据管理中的安全漏洞和问题，维护企业的声誉和品牌形象。数据安全审计是发现和纠正数据管理中的安全漏洞和问题的重要手段。企业面临着各种数据安全威胁和挑战。这些安全漏洞和问题可能导致用户隐私信息泄露、数据完整性受损、业务运营受阻等严重后果。因此，可以发现和纠正数据管理中存在的安全漏洞和问题，提高数据安全水平。数据安全审计是遵守法律法规和行业标准的重要保障。可以及时发现和纠正数据管理中存在的安全问题，确保数据处理过程的合规性和安全性，降低法律风险和责任。例如，企业可以建立健全的数据安全审计制度和流程，明确数据安全审计的内容、标准和要求，遵守相关的法律法规和行业标准。

　　数据安全审计是保护企业利益和声誉的重要手段。如果企业未能有效保护用户的隐私和数据安全，将会导致用户信任丧失、声誉受损，影响企业的发展和竞争力。例如，企业可以建立数据安全审计团队和机制，定期对数据管理进行安全审计，及时发现和纠正数据安全问题。数据安全审计是持续改进和提升数据安全水平的重要途径。数据安全工作永远都不会停止，企业需要不断改进和提升数据安全水平，以适应不断变化的安全威胁和挑战。例如，企业可以根据数据安全审计的结果，及时调整和优化数据安全策略和措施，防范安全威胁和风险。

第六章　大数据与跨渠道营销整合

第一节　跨渠道营销中的数据整合与分析技术

一、跨渠道营销中的数据整合技术

（一）数据仓库和数据湖

在当今数字化营销领域，跨渠道营销已成为一种普遍的趋势，而大数据整合技术在这一过程中扮演了至关重要的角色。数据仓库和数据湖作为存储和管理大规模数据的关键基础设施，为跨渠道营销提供了强大的支持。在数据整合和分析方面，数据仓库和数据湖发挥着各自独特的作用，有助于营销团队实现数据驱动的营销策略。数据仓库通常用于存储结构化数据，如销售数据、客户数据、订单数据等。它们经过清洗、整理和转换后，被存储在数据仓库中，并按照特定的模式和架构进行组织，以支持决策和业务分析。在跨渠道营销中，营销团队可以将来自不同渠道和来源的数据整合到数据仓库中，实现数据的统一管理和分析。例如，通过将线上渠道（如电子商务平台、社交媒体）和线下渠道（如实体店铺、促销活动）的销售数据整合到数据仓库中，营销团队可以更好地了解客户的购买行为和偏好，优化营销策略和活动方案。

与数据仓库相比，数据湖具有更加灵活的特点。数据湖可以容纳各种类型和格式的数据，包括结构化、半结构化和非结构化数据，如日志文件、文本文档、图像、视频等。数据湖不需要事先对数据进行模式化或转换，而是以原始形式存储数据，提供了更大的灵活性和扩展性。数据湖可以成为一个集中存储和管理各种数据的平台，为营销团队提供更全面、更深入的数据视角。例如，营销团队可以将来自不同渠道和来源的用户行为数据、社交媒体数据、市场调研数据等存储在数据湖中，并通过数据湖中的数据湖分析工具进行深度挖掘和分析，发现潜在的市场机会和用户趋势。数据仓库和数据湖通常是相互结合的。数据仓库用于存储和管理结构化数据，提供高性能的数据查询和分析能力，而数据湖则用于存储各种类型和格式的原始数据，提供更大的灵活性和扩展性。通过将数据仓库和数据湖结合起来，营销团队可以充分利用两者的优势，实现数据的全面整合和深度分析。例如，营销团队可以将结构化的销售数据存储在数据仓库中，并将与销售数据相关的非结构化数据（如客户反馈、产品评论）存储在数据湖中，通过数据湖分析工具实现数据的关联和挖掘，发现隐藏在数据背后的商机和洞察。

（二）ETL（抽取、转换、加载）工具

在跨渠道营销的大数据整合过程中，ETL工具扮演着至关重要的角色（图6-1）。ETL工具能够有效地从各种数据源中提取数据，进行必要的转换和清洗，然后将数据加载到目标系统中，为营销团队提供了自动化、高效、准确的数据整合解决方案。

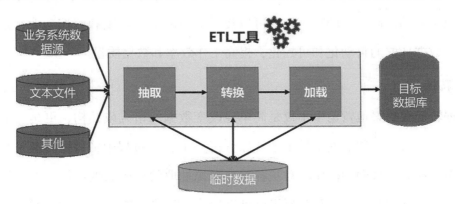

图6-1　ETL工具操作截面图

1. 抽取

ETL工具通过连接到各种数据源，从中提取数据，为后续的数据处理和分析提供了基础。ETL工具发挥着关键的作用，为营销团队提供了高效、准确的数据抽取解决方案。ETL工具通常提供了丰富的连接器和接口，支持与各种类型和格式的数据源进

行连接和通信。这些数据源可以包括企业内部的业务系统（如 ERP 系统、CRM 系统）、第三方数据提供商（如市场调研机构、数据供应商）、社交媒体平台等。ETL 工具通过这些连接器和接口，可以方便地与不同类型的数据源进行交互，实现数据的抽取。ETL 工具通常提供了图形化界面或编程接口，让用户可以轻松地配置和管理数据抽取任务。用户可以通过选择连接器、配置连接参数、定义抽取规则等方式，设置数据抽取任务的参数和条件。一旦配置完成，ETL 工具就会自动连接到数据源，并将数据传输到目标系统中，实现数据的抽取过程。

数据源的种类和数量可能非常庞大和多样化。营销团队需要从不同的数据源中提取数据，以获取全面的、多维度的数据视角，为营销决策提供充分的支持和依据。例如，营销团队可能需要从企业内部的销售系统中提取销售数据，了解产品的销售情况和客户的购买行为；同时，他们还可能需要从社交媒体平台中提取用户的互动数据，了解用户的喜好和口碑传播情况；此外，他们还可能需要从第三方数据提供商那里获取市场调研数据，了解行业趋势和竞争对手的动态。ETL 工具为营销团队提供了一种统一的、高效的数据抽取解决方案。通过连接到各种数据源，ETL 工具可以帮助营销团队从不同的数据源中提取数据，实现数据的集中管理和统一分析，为业务决策提供可靠的数据基础。同时，ETL 工具还可以提供灵活的抽取调度和监控功能，帮助营销团队实现数据抽取的自动化和可控化，提高工作效率和数据质量。

2. 转换

数据转换在跨渠道营销中不仅是简单地改变数据的格式或结构，更是为了确保数据的质量和一致性，使数据更易于理解和分析。在 ETL 过程中，数据转换是其中一个关键步骤，通过一系列的操作，对从各种数据源抽取的原始数据进行清洗、加工和整合，从而为后续的业务决策和分析提供可靠的数据基础。数据转换包括对数据的清洗。清洗数据是指检测和纠正数据中的错误、不一致性和不完整性，以确保数据的准确性和完整性。例如，可以对数据进行去重，删除重复的记录；填充缺失值，通过插值或替换的方式填补数据中的空缺；校验数据的有效性，检测并修复数据中的错误或异常值。通过数据清洗，可以清除数据中的噪声和干扰，提高数据的质量和可靠性。数据转换还包括对数据的规范化和标准化。规范化是指将数据转换为统一的格式或单位，以便进行比较和分析。例如，可以将日期字段格式化为统一的日期时间格式，使其易于进行时间序列分析；将货币字段转换为统一的货币单位，以便进行货币换算和比较。标准化是指将数据转换为标准的数据结构或模式，以便与其他数据进行整合和匹配。例如，可以将不同来源的客户数据统一为标准的客户信息表，包括姓名、地址、电话等字段，以便于后续的客户分析和营销活动。

数据转换还包括对数据的加工和整合。加工数据是指对数据进行计算、聚合或衍生，以产生新的数据指标或特征。例如，可以根据销售数据计算销售额、利润率等指标，用于业务绩效分析；根据用户行为数据计算用户的活跃度、忠诚度等指标，用于用户分析和营销策略制定。整合数据是指将来自不同数据源的数据合并为一个统一的数据集，以便进行综合分析和报告。例如，可以将线上渠道和线下渠道的销售数据整合为一个销售总表，以便了解整体销售情况和趋势。数据转换对于整合和分析来自不同渠道的数据尤为重要。营销团队需要从多个渠道获取数据，如线上渠道（如电子商务平台、社交媒体）、线下渠道（如实体店铺、促销活动）、第三方数据提供商等。这些数据可能存在不同的格式、结构和粒度，需要经过转换和整合，才能进行有效分析和利用。通过数据转换，营销团队可以将来自不同渠道的数据统一处理，并产生一致的分析结果，为业务决策和营销策略的制定提供可靠的数据支持。

3. 加载

数据加载是 ETL 过程中的最后一步，它将经过转换处理后的数据加载到目标系统中，供营销团队和其他相关部门使用。目标系统可以是数据仓库、数据湖、业务智能工具、报告平台等，而 ETL 工具提供了灵活的加载选项，支持将数据加载到不同类型的目标系统中，根据实际需求选择合适的加载方式，如全量加载、增量加载等。一旦数据经过转换处理，ETL 工具将准备好的数据传输到目标系统中。ETL 工具需要根据目标系统的特点和要求，选择合适的加载方式和方法。例如，如果目标系统是数据仓库，ETL 工具可以将数据加载到数据仓库的相关表中，按照预定义的数据模式和结构进行数据存储；如果目标系统是数据湖，ETL 工具可以将数据加载到数据湖的指定位置，以原始的格式和结构存储数据，为后续的数据分析和挖掘提供基础；如果目标系统是业务智能工具或报告平台，ETL 工具可以将数据加载到相关的报表或数据模型中，以便进行可视化分析和报告展示。

数据加载需要考虑到目标系统的特点和需求。不同类型的目标系统可能具有不同的数据存储方式、数据结构和数据处理能力，因此，ETL工具需要根据实际情况选择合适的加载方式和方法。例如，ETL工具可以采用批量加载的方式，将数据按照一定的规则和策略加载到数据仓库中，保证数据的完整性和一致性；ETL工具可以采用流式加载的方式，实现实时或近实时地将数据加载到数据湖中，以满足数据分析和挖掘的需求；ETL工具可以根据报表或数据模型的需求，将数据加载到相应的报表或数据模型中，数据加载对于整合和分析来自不同渠道的数据尤为重要。营销团队需要将来自多个渠道的数据整合到统一的数据存储中。通过数据加载，营销团队可以将来自不同渠道的数据加载到目标系统中，为业务决策提供可靠的数据支持。例如，可以将线上渠道（如电子商务平台、社交媒体）和线下渠道（如实体店铺、促销活动）的销售数据加载到数据仓库中，用于销售分析和业绩评估；将用户行为数据加载到数据湖中，用于用户分析和个性化营销；将市场调研数据加载到业务智能工具或报告平台中，用于市场趋势分析和竞争情报。

二、跨渠道营销中数据分析技术

（一）网络图分析

网络图分析指通过构建用户社交网络或产品关联网络的网络图，帮助营销团队发现用户之间的联系和影响力，识别关键意见领袖和影响者，从而制定针对性的营销策略，通过关键用户进行口碑传播和推广（图6-2）。网络图是由节点（表示实体或个体）和边（表示节点之间的关系或连接）组成的图形模型。在用户社交网络中，节点通常表示用户，边表示用户之间的社交关系，如关注、好友、互动等；在产品关联网络中，节点表示产品或商品，边表示产品之间的关联关系，如购买、浏览、评论等。通过分析网络图的结构和特征，可以揭示出隐藏在网络中的关系和影响力，为营销团队提供有价值的营销洞察和策略指导。网络图分析可以帮助营销团队发现用户之间的联系和影响力。用户之间的关系可以通过各种方式来表示，如关注关系、好友关系、互动关系等。通过分析用户之间的连接模式和关联程度，可以识别出用户之间的社交圈子和影响力传播路径。例如，可以发现某些用户在社交网络中拥有广泛的影响力，是关键的意见领袖和影响者，可以通过他们进行口碑传播和推广，提高营销活动的效果。

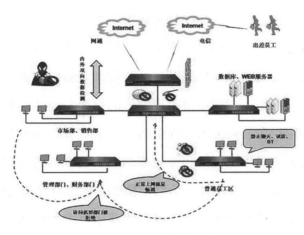

图6-2 网络操作系统

网络图分析还可以帮助营销团队识别产品之间的关联关系和影响力传播路径。产品之间的关系可以通过用户的购买行为、浏览行为、评论行为等来表示。通过分析产品之间的关联模式和关联程度，可以发现产品之间的关联关系和影响力传播路径。例如，可以发现某些产品之间存在着较强的关联关系，用户购买了一个产品之后，往往会购买另一个相关产品，通过这些关联关系，可以制定针对性的交叉销售策略。网络图分析通常结合了其他数据分析技术，如社交网络分析、文本挖掘、机器学习等。可以更加全面地分析用户社交网络和产品关联网络，发现隐藏在网络中的关系和影响力，为营销团队提供更加深入和精准的营销洞察和策略指导。

（二）多维度分析

多维度分析是跨渠道营销中的一项关键技术，它利用大数据分析技术对多个维度的数据进行深入分析，包括用户特征、行为路径、渠道效果等，从而帮助营销团队深入理解用户和市场的复杂性，制定更精准、有效的营销策略。多维度分析是一种多变量分析方法，它通过同时考虑多个维度的数据，揭示数据之间的关系和趋势。可以考虑的维度包括用户特征（如年龄、性别、地域、偏好等）、行为路径（如浏览、点击、购买等）、渠道效果（如线上渠道、线下渠道、社交媒体渠道等）等。通过对这些维度的数据进行分析，可以深入了解用户的行为和偏好，识别出潜在的营销机会和挑战，为营销策略的制定提供有力支持。多维度分析可以帮助营销团队深入理解用户和市场的复杂性。在传统的营销分析中，往往只考虑单一维度的数据，难以全面了解用户的行为和偏好。而多维度分析可以同时考虑多个维度的数据，从不同的角度和维度来解读用户的行为和偏好，发现隐藏在数据背后的规律和趋势。例如，可以通过分析用户的年龄、性别、地域等特征，了解不同用户群体的行为差异和偏好倾向；通过分析用户的行为路径，了解用户在购买决策过程中的关键节点和行为轨迹；通过分析不同渠道的效果，了解不同渠道对用户行为和转化率的影响程度。通过多维度分析，营销团队可以全面了解用户和市场的复杂性，为制定精准、有效的营销策略提供依据。

多维度分析还可以帮助营销团队发现潜在的营销机会和挑战。通过对多个维度的数据进行分析，可以发现用户行为和市场趋势中的规律和异常。例如，可以发现某些用户群体在特定时间段或地域表现出异常的购买行为，可能是某种促销活动或市场事件的影响，可以针对这些情况制定相应的营销策略；同时，也可以发现某些渠道的效果较差，需要进一步优化或调整，以提高营销活动的效果和 ROI。营销团队可以及时发现并应对市场变化和竞争挑战，保持竞争优势和市场领先地位。多维度分析通常结合了各种数据分析技术和工具，如数据挖掘、机器学习、可视化分析等。通过综合运用这些技术和工具，可以更加全面地分析用户和市场的多维度数据，发现隐藏在数据中的规律和趋势。

第二节 大数据在跨渠道用户体验优化中的应用

一、跨渠道一体化视图

跨渠道一体化视图作为企业追求更全面了解用户的重要手段，已经成为大数据技术在营销和用户体验优化中的重要应用之一。随着互联网和移动技术的普及，用户的消费行为已经从单一的线下渠道转变为多渠道和跨渠道的购买模式。这使得企业面临更多的挑战，包括如何在不同渠道中保持一致的用户体验，以及如何更好地理解和满足用户的需求。在这样的背景下，大数据技术发挥着至关重要的作用。它通过整合各个渠道的数据，包括线上渠道、线下渠道、移动应用、社交媒体等，构建起了跨渠道一体化的用户视图。这个视图不仅包括用户的基本信息，还包括用户在不同渠道上的行为数据、偏好、购买历史等多维度信息。企业可以更加全面地了解用户，洞察用户的喜好和行为模式，从而更好地进行产品定位、营销策略制定和服务优化。

大数据技术可以帮助企业实现跨渠道用户行为的精准追踪和分析。无论用户是在线上购物还是线下购物，他们的行为都会留下数据。大数据技术可以将这些数据整合起来，建立起用户的行为轨迹。通过分析用户在不同渠道上的行为，企业可以更加深入地了解用户的购买路径、偏好转变和决策过程，从而更有针对性地进行营销和推广活动。大数据技术可以帮助企业实现跨渠道用户体验的一致性。在多渠道的购物环境中，用户希望无论是在线上购物还是线下购物，都能够获得一致的购物体验。大数据技术可以通过分析用户的行为数据和偏好，帮助企业了解用户在不同渠道上的喜好和习惯，从而调整产品展示、服务流程和沟通方式，确保用户在不同渠道上都能够获得一致的购物体验。大数据技术还可以帮助企业实现跨渠道用户体验的个性化。通过分析用户的行为数据和偏好，大数据技术可以帮助企业了解用户的个性化需求，从而为用户提供个性化的产品推荐、营销活动和服务体验。例如，基于用户的购买历史和浏览行为，企业可以向用户推荐他们可能感兴趣的产品；基于用户的地理位置和时间信息，企业可以向用户推送当前位置和时间相关的优惠信息。

二、问题识别与解决

大数据分析在问题识别与解决方面扮演着关键角色，通过对跨渠道数据的深入挖掘和分析，帮助企业发现潜在的问题和瓶颈，并采取针对性的措施，持续改进用户体验。大数据分析可以帮助企业识别跨渠道用户体验中的痛点和问题。通过分析用户在不同渠道上的行为数据、反馈数据和投诉数据，企业可以了解到用户在购物、支付、物流等环节中可能遇到的问题，比如页面加载速度慢、支付流程复杂、物流配送不及时等。大数据技术可以帮助企业将这些散落在各个渠道的数据整合起来，形成全景式的用户体验画像，帮助企业全面了解用户的需求和痛点。

大数据分析可以帮助企业分析用户的反馈和情感信息，进一步挖掘用户的隐性需求和痛点。除了传统的结构化数据外，大数据技术还可以分析用户在社交媒体、在线评论等平台上的文字、图片和视频等非结构化数据，从中提取用户的情感倾向和态度，识别出用户可能没有明确表达但对产品和服务不满意的方面。例如，企业可以识别出用户在社交媒体上的抱怨和负面评价，及时回应并改进相应的问题，提升用户满意度。大数据分析可以帮助企业发现跨渠道用户体验中的用户流失和转化问题。通过分析用户的转化路径和流失路径，企业可以找到用户流失的关键节点和原因，进而采取针对性的措施进行改进。例如，通过漏斗分析技术，企业可以了解用户在购物流程中的流失情况，找出购物车流失、订单流失等关键节点，分析造成流失的原因，从而优化相应的流程和体验，提高用户的转化率和留存率。大数据分析可以帮助企业监测和评估跨渠道用户体验优化的效果，并及时调整和优化策略。通过建立起跨渠道用户体验的监控系统，企业可以实时监测用户的行为和反馈，及时发现和解决问题，并评估改进措施的效果。例如，通过 A/B 测试技术，企业可以对比不同策略和方案的效果，找出最优的方案并进行推广应用。

第三节　跨渠道营销策略规划与实施

一、跨渠道营销策略规划

（一）跨渠道协同和一体化营销

跨渠道协同和一体化营销是当今企业在数字化时代面临的重要挑战之一，也是利用大数据技术实现的关键目标之一。随着消费者行为的多样化和数字化程度的提高，企业需要在多个渠道上与消费者进行互动，并将这些互动整合到一体化的营销策略中，以提高用户的参与度和忠诚度，从而实现销售增长和品牌影响力的提升。跨渠道协同和一体化营销需要建立完善的数据基础。企业需要整合来自不同渠道的数据，包括线上渠道（如电子商务平台、社交媒体）、线下渠道（如实体店铺、展会活动）、移动渠道（如手机应用、短信营销）等，构建统一的用户数据平台。这个平台需要能够实时收集、存储和处理大量的用户数据，包括用户的基本信息、行为轨迹、购买记录等，以便于后续的分析和应用。跨渠道协同和一体化营销需要建立全面的用户画像。通过分析用户在不同渠道上的行为和互动，企业可以深入了解用户的兴趣、偏好和行为习惯，构建全面的用户画像。这个用户画像可以包括用户的基本信息（如年龄、性别、地域）、消费习惯（如购买偏好、消费能力）、互动行为（如浏览、点击、评论）等多个维度的数据，为企业制定个性化营销策略提供依据。跨渠道协同和一体化营销需要制定有效的营销策略和规划。基于建立的用户数据平台和用户画像，企业可以针对不同用户群体制定个性化的营销策略，包括内容营销、推广活动、促销优惠等。这些营销策略可以针对用户的兴趣和偏好进行精准定位，通过不同的渠道和方式进行传播和推广。

跨渠道协同和一体化营销需要借助大数据分析技术进行实时监测和调整。企业可以通过监测用户在不同渠道上的行为和反馈，实时分析用户的反馈和趋势，及时调整营销策略和推广活动。通过实时监测和调整，企业可以更加灵活地应对市场变化和用户需求，提高营销活动的效果和 ROI。跨渠道协同和一体化营销需要综合运用多种营销工具和渠道，如内容营销、社交媒体营销、搜索引擎营销、电子邮件营销等。通过整合这些营销工具和渠道，企业可以实现跨渠道的用户转化和互动。同时，还需要不断优化和调整营销策略和规划，以适应市场变化和用户需求的变化。

（二）营销技术支持

营销技术的发展为企业提供了更多有效的工具和手段，可以更好地管理客户关系、实现个性化营销、提升跨渠道营销的效率和精准度。结合营销技术，如 CRM 系统、营销自动化平台、数据管理平台等，可以帮助企业实现个性化营销和用户管理，从而更好地满足客户需求。CRM 系统是一种用于管理客户关系的软件工具，可以帮助企业收集、存储和分析客户信息，并通过分析客户数据来改善客户关系和提升客户满意度。通过 CRM 系统，企业可以全面了解客户的偏好、购买历史、互动行为等信息，从而更好地制定个性化的营销策略和服务方案。例如，企业可以通过 CRM 系统跟踪客户的购买行为和反馈，然后根据客户的需求和偏好，提高销售效率和客户满意度。

营销自动化平台是一种用于自动化营销活动的软件工具，可以帮助企业实现营销流程的自动化和优化，提高营销效率和精准度。通过营销自动化平台，企业可以自动化执行营销活动，包括邮件营销、社交媒体营销、内容营销等，从而节省人力资源和时间成本。例如，企业可以利用营销自动化平台定时发送个性化的营销邮件或短信给客户，根据客户的行为和反馈自动调整营销策略，提高客户响应率和转化率。数据管理平台是一种用于管理和分析数据的软件工具，可以帮助企业收集、整合和分析各种类型的数据，包括客户数据、市场数据、竞争数据等，从而为企业制定营销策略和决策提供数据支持。通过数据管理平台，企业可以实时监测市场变化和竞争态势，发现市场机会和挑战，从而及时调整营销策略和产品定价，提高市场竞争力和业务盈利能力。例如，企业可以利用数据管理平台分析客户行为数据和市场趋势，然后根据分析结果制定个性化的营销策略和产品定价策略，提高市场响应速度和精准度。

二、跨渠道营销策略实施

（一）用户旅程分析

用户旅程分析是跨渠道营销中的关键技术之一，通过分析用户在不同渠道上的行为路径和互动，帮助营销团队更好地理解用户的购买决策过程和行为轨迹，从而优化用户的购买体验，提高用户的转化率和忠诚度。用户旅程是指用户从对产品或服务的认知开始，到最终完成购买行为的整个过程。这个过程通常涉及多个渠道和多个触点，包括线上渠道（如搜索引擎、社交媒体、电子商务平台）和线下渠道（如实体店铺、展会活动、客户服务中心）。用户旅程分析通过跟踪用户在不同渠道上的行为和互动，揭示用户的购买决策过程和行为轨迹，为营销团队提供有价值的洞察和策略指导。用户旅程分析可以帮助营销团队全面了解用户的购买行为和偏好以及用户的购买决策过程和行为轨迹，包括用户的关注点、偏好倾向、信息获取途径、购买动机等。例如，可以了解用户是通过搜索引擎搜索产品信息，还是通过社交媒体分享朋友圈获取产品推荐；了解用户是通过电子商务平台下单购买，还是通过线下实体店铺试用购买。通过深入了解用户的购买行为和偏好，营销团队可以制定针对性的营销策略。用户旅程分析可以帮助营销团队优化用户的购买体验。可以发现用户在购买决策过程中遇到的问题和障碍，从而针对性地优化用户的购买体验。例如，可以优化网站的用户界面和导航结构，提高用户的浏览和购买体验；可以提供多渠道的购买和支付方式，满足用户的多样化需求；可以提供个性化的推荐和服务。通过优化用户的购买体验，营销团队可以提高用户的转化率和忠诚度，实现销售增长和品牌影响力的提升。

用户旅程分析还可以帮助营销团队发现营销活动的优化机会。可以评估不同营销活动和渠道的效果和ROI，发现优化机会和改进空间。例如，发现某些营销活动在特定渠道上效果较好，增加投入和资源；发现某些渠道上存在用户流失和转化率低的问题，可以调整策略和资源配置。通过不断优化营销活动和渠道，营销团队可以提高营销效果和ROI，实现更好的业务成果。用户旅程分析通常结合了大数据技术和跨渠道营销策略规划。通过建立完善的数据基础和用户画像，收集和整合来自不同渠道的用户数据，运用数据挖掘和机器学习技术，深入分析用户的购买行为和偏好，发现用户旅程中的关键节点和转化路径，为营销策略的制定和优化提供有力支持。同时，还需要结合实际业务需求和市场变化，不断调整和优化营销策略，以适应不断变化的市场环境和用户需求。

（二）社交影响力利用

利用社交影响力是跨渠道营销中的重要策略之一，而大数据分析技术为企业找到并合作关键意见领袖和社交影响者提供了可靠的方法。通过与这些影响者合作，企业可以实现更广泛的品牌曝光和口碑传播，提高品牌的知名度和美誉度，进而促进销售增长和品牌发展。大数据分析可以帮助企业发现在社交网络和在线社区中具有影响力的个人和账号。通过分析用户在社交媒体平台上的粉丝数量、互动频率、内容质量等指标，可以识别出那些拥有大量粉丝和高影响力的意见领袖和社交影响者。此外，大数据分析还可以分析用户在社交媒体上的行为和互动，发现他们对特定主题或品牌的态度和情感倾向，从而更好地理解他们的影响力和传播效应。

利用社交影响者进行跨渠道营销可以带来多方面的好处。社交影响者通常拥有大量的粉丝和高度的关注度，可以帮助企业实现更广泛的品牌曝光和传播效应。通过与社交影响者合作，企业可以将品牌信息传播给更多的目标受众，提高品牌的知名度和曝光率。社交影响者通常拥有较高的信任度和影响力，可以帮助企业获得更多的用户信任和认可。当社交影响者推荐或背书某种品牌或产品时，用户往往更愿意相信和接受，从而增加品牌的美誉度和口碑效应。社交影响者还可以帮助企业吸引更多的目标受众参与品牌活动和促销活动，促进销售增长和用户转化。企业可以通过大数据分析技术识别出具有高影响力和高关注度的社交影响者，并与其进行合作。在选择合作社交影响者时，企业可以考虑影响者的粉丝数量、受众群体、内容质量、互动频率等因素，选择与自己品牌和目标受众相匹配的影响者进行合作。企业可以与社交影响者合作，共同策划和推广品牌活动和促销活动。此外，企业还可以与社交影响者合作，共同创作内容和推广内容，提高用户参与度和忠诚度，促进销售增长和品牌发展。

（三）实时优化

实时优化是跨渠道营销中的重要环节，它利用大数据分析技术实时监测和分析市场反馈，及时调整营销策略和行动，以保持活动的灵活性和有效性。实时优化可以帮助企业更好地应对市场和用户需求的变化，提高活动的效果和效率。随着市场竞争的加剧和消费者行为的不断变化，企业需要及时了解市场反馈和用户反馈。通过实时数据分析，企业可以快速发现问题和机会，并据此调整投放策略和内容，提高营销活动的效果和效率。例如，如果发现某个广告在某个渠道上的点击率较低，可以及时调整广告内容或投放位置；如果发现某个促销活动在某个时间段的转化率较高，可以加大投放力度或延长活动时间。通过实时优化，企业可以更加灵活地应对市场和用户需求的变化，保持活动的竞争优势和市场领先地位。

实时优化需要借助大数据分析技术实现。大数据分析技术可以帮助企业实时监测和分析市场数据、用户数据和竞争数据，发现问题和机会，并据此调整营销策略和行动。例如，可以通过实时监测用户在网站上的浏览行为和购买行为，根据用户的实时行为进行个性化推荐和定向广告投放；可以通过实时监测竞争对手的活动和市场表现，了解市场趋势和竞争态势，及时调整自己的营销策略和行动。企业可以实现对市场和用户的实时监测和分析，及时发现问题和机会，实现营销活动的实时优化。企业需要建立完善的数据基础和数据平台，实现对市场和用户的实时监测和分析。这个数据平台可以包括数据仓库、数据湖、数据管理平台等，能够实时收集、存储和处理大量的市场数据、用户数据和竞争数据，为实时优化提供可靠的数据支持。企业需要运用大数据分析技术，对市场和用户的实时数据进行分析和挖掘。

第七章 大数据驱动的品牌建设与推广策略

第一节 大数据在品牌定位与认知建设中的应用

一、大数据在品牌定位中的应用

(一) 品牌声誉管理

品牌声誉管理是企业在市场竞争中至关重要的一环，它直接关系到企业的长期发展和生存。而随着社交媒体的普及和大数据技术的发展，企业可以借助大数据分析来监测、评估和管理品牌声誉，实现更精准、及时的品牌声誉管理。通过分析社交媒体、新闻报道、用户评论等数据，企业可以深入了解公众对品牌的态度和情绪，及时发现并应对负面舆情和危机事件，从而维护和提升品牌声誉，确保企业形象的稳固和持续。大数据分析在品牌声誉管理中的应用主要体现在舆情监测和预警方面。通过收集、整理和分析社交媒体平台（如微博、微信、Facebook 等）、新闻报道、论坛讨论、用户评论等海量数据，企业可以实时了解公众对品牌的反馈和评价，及时发现潜在的负面舆情和危机事件。例如，当出现消费者投诉、产品质量问题、品牌声誉受损等情况时，大数据分析可以快速识别和预警，帮助企业及时采取措施进行修复和应对，避免舆情进一步扩大化，降低品牌声誉损失。

大数据分析可以帮助企业深入了解公众的情感和态度，从而进行品牌声誉的定性评估和情感分析。企业可以识别和分析用户评论、观点、情感等信息，了解公众对品牌的情绪倾向，以及其背后的原因和影响因素。通过这种情感分析，企业可以及时调整品牌策略和形象定位，改善产品和服务，从而有效提升品牌声誉和竞争力。大数据分析还可以帮助企业进行品牌声誉的量化评估和指标监测。通过建立品牌声誉评估模型，企业可以基于大数据分析结果，量化地评估品牌声誉的整体水平和趋势变化，并监测关键指标的变化情况。这些关键指标可以包括品牌知名度、用户满意度、口碑评价、市场份额等，通过监测这些指标的变化，企业可以及时发现问题、制定调整措施，保持品牌声誉的稳定和持续提升。大数据分析还可以帮助企业进行品牌声誉管理的效果评估和优化。通过对品牌声誉管理策略和措施的实施效果进行监测和分析，企业可以及时发现问题和改进空间，优化品牌声誉管理的策略和实践。例如，通过对品牌危机事件后的品牌声誉恢复情况进行分析，企业可以总结经验教训，建立品牌声誉管理的应急预案和危机管理机制，提高应对危机事件的能力和效率。

（二）品牌体验优化

随着大数据技术的发展和应用，企业可以利用大数据分析来深入了解消费者的需求和行为，发现潜在的痛点和问题，并及时采取措施进行优化，从而提高消费者的满意度和忠诚度，实现品牌体验的持续优化和提升。大数据分析可以帮助企业深入了解消费者的需求和行为，从而定位品牌的核心竞争力和差异化优势。通过分析消费者在购买过程中的行为轨迹、偏好特征、购买决策路径等数据，企业可以了解消费者的购物习惯、偏好和需求，从而更准确地把握市场趋势和用户需求变化，为品牌的定位和战略规划提供数据支持。例如，通过分析用户在电商平台上的搜索、浏览、点击、购买等行为数据，企业可以了解用户对产品的兴趣点和偏好，为产品设计、营销策略和服务提供方向性的指导。大数据分析可以帮助企业发现和解决消费者的痛点和问题，优化品牌的产品和服务。通过分析消费者在购买过程中的投诉、退换货、评价等数据，企业可以了解消费者对产品和服务的不满意之处，及时采取措施进行改进和优化。例如，通过分析用户的评价和投诉数据，企业可以了解产品质量、物流配送、售后服务等方面存在的问题，及时进行改进和优化，提升产品和服务的品质和用户体验。

大数据分析还可以帮助企业实现个性化营销和服务，提升消费者的满意度和忠诚度。通过分析消费者的行为数据、社交媒体数据、个人偏好等信息，企业可以了解消费者的个性化需求和偏好，为其提供个性化的产品推荐、定制服务、营销活动等，提高消费者的购买体验和满意度。例如，通过分析用户的购买历史和行为轨迹，企业可以向用户推荐符合其兴趣和偏好的产品。大数据分析还可以帮助企业监测和评估品牌体验的效果和影响，及时调整和优化品牌体验策略和实践。通过建立品牌体验评估指标和监测体系，企业可以定期监测和评估品牌体验的各个环节和关键指标，了解消费者的反馈和评价，及时发现问题并采取措施进行改进和优化。例如，通过分析用户的满意度调查结果和品牌关键指标的变化情况，企业可以了解品牌体验的改善效果和用户满意度的提升情况，为下一阶段的品牌体验优化提供参考和指导。

二、大数据在认知建设中的应用

（一）信息挖掘和知识发现

在当今信息爆炸的时代，大数据技术的发展为信息挖掘和知识发现提供了前所未有的机遇和挑战。大数据技术不仅可以帮助企业更好地理解市场和消费者，还可以帮助挖掘和发现隐藏在海量数据中的有价值的信息和知识，为企业的品牌定位提供更深入、更准确的分析和指导。大数据技术在品牌定位中的应用体现在对市场和消费者的深入洞察和分析上。通过收集、整理和分析海量的市场数据、用户行为数据、社交媒体数据等，企业可以了解市场的动态和趋势，把握消费者的需求和偏好，发现潜在的市场机会和挑战。例如，通过分析用户在社交媒体平台上的言论和行为，企业可以了解用户对产品和服务的态度和情感，为品牌定位提供数据支持和市场参考。大数据技术可以帮助企业发现和利用品牌的差异化优势和核心竞争力。通过分析市场竞争情况、产品特点、用户反馈等数据，企业可以了解自身与竞争对手的差异化定位和优势，发现并挖掘品牌的独特之处，从而实现品牌的差异化定位和竞争优势。例如，通过对产品特点、价格、品质、服务等方面的数据分析，企业可以确定自身的差异化定位和竞争优势，制订相应的品牌营销策略和推广计划，提升品牌的市场地位和竞争力。

大数据技术可以帮助企业进行精准的目标市场定位和用户定位。通过分析用户的地理位置、人口特征、消费行为等数据，企业可以了解目标市场的特点和需求，精准定位目标用户群体，为品牌的市场推广和营销提供指导和依据。例如，通过对用户的地理位置和消费行为数据的分析，企业可以确定目标市场的地域范围和消费习惯，制定相应的市场定位和营销策略，提高市场推广的精准度和效率。此外，大数据技术还可以帮助企业发现和利用潜在的市场机会和趋势。通过对市场数据、消费者行为数据等的分析，企业可以发现市场的新兴趋势和变化，实现品牌的创新和发展。例如，通过对新兴行业、新兴技术、新兴消费群体等的分析，企业可以发现潜在的市场机会和趋势，制定相应的产品开发和市场推广策略，实现品牌的快速增长和发展。

（二）认知科学研究

认知科学研究是一门跨学科的领域，旨在探索人类认知的本质、机制和过程。大数据分析可以为认知科学研究提供丰富的数据来源和研究对象，通过分析人类行为数据、大脑活动数据等信息，深入研究人类认知过程和机制，探索认知科学的新理论和新发现。大数据分析可以帮助研究人员更全面地了解人类的行为和思维模式。通过分析社交媒体数据、网络搜索数据、移动应用数据等大规模数据，研究人员可以获取大量的人类行为数据，了解人们在日常生活中的行为习惯、兴趣爱好、社交关系等信息。这些数据可以为研究人员提供重要的线索和信息，帮助他们深入理解人类的思维过程和行为模式，揭示人类认知的规律和特点。大数据分析可以为认知神经科学研究提供重要的实验数据和研究对象。通过使用脑成像技术（如功能性磁共振成像、脑电图等），研究人员可以记录和分析人类大脑的活动模式，研究人类在不同认知任务下的脑部活动情况。结合大数据分析技术，研究人员可以对大规模的脑成像数据进行处理和分析，发现不同认知过程之间的关联和差异，深入探索人类认知的神经机制。

大数据分析还可以帮助研究人员发现和探索认知科学的新理论和新发现。通过分析大规模的数据集，研究人员可以发现一些以往未被发现或被低估的认知模式和规律，提出新的认知理论和假设。例如，通过分析社交媒体数据，研究人员可以发现人们在信息传播和社交互动中的认知偏差和心理机制，提出新的社交认知理论；通过分析大脑活动数据，研究人员可以发现人类在决策过程中的神经机制和影响因素，提出新的决策模型和理论。大数据分析还可以为认知科学研究提供新的研究方法和工具。通过运用机器学习、深度学习等技术，研究人员可以从海量数据中挖掘和发现隐藏的模式和规律，发现认知科学研究中的新问题和挑战。例如，通过使用深度学习技术，研究人员可以从大规模的自然语言数据中挖掘人类语言理解的规律和模式，揭示人类语言认知的本质和机制；通过使用机器学习技术，研究人员可以从大规模的脑成像数据中挖掘不同认知任务之间的脑部活动模式，揭示人类认知的神经基础。

（三）舆情监测和舆论引导

舆情监测和舆论引导是在当今信息爆炸时代，对于个人和组织来说都至关重要的一项工作。大数据分析技术的应用为舆情监测和舆论引导提供了全新的视角和有效的手段。通过分析社交媒体、新闻报道、评论等海量数据，可以实现对舆情动向的实时监测和分析，了解公众的态度和情绪，从而及时调整和引导舆论，保护个人或组织的声誉和利益。大数据分析可以帮助个人或组织实时监测舆情动向，了解公众对于特定话题或事件的反应。通过收集和分析社交媒体平台（如微博、微信、Twitter 等）、新闻媒体、论坛等渠道的数据，可以了解公众的关注度、讨论热度、情感倾向等信息。这些信息可以帮助个人或组织及时了解舆情的发展趋势，发现潜在的危机和风险，及时采取措施进行预警和应对（图 7-1、图 7-2）。

图 7-1　新闻媒体　　　　　　　　图 7-2　论坛

大数据分析可以帮助个人或组织发现热点话题和舆论焦点，把握舆论的主导方向和趋势。通过分析社交媒体、新闻报道等数据，可以发现公众关注的热点话题和事件，了解舆论的主要内容和焦点，把握舆论的发展趋势和演变规律。这些信息可以帮助个人或组织及时把握舆论的脉搏，根据舆论的发展变化调整自身的策略和态度，避免舆论风险和声誉损失。大数据分析还可以帮助个人或组织了解公众的情感倾向和态度，从而进行有针对性的舆论引导。可以对社交媒体、新闻报道等数据进行情感分析，了解公众对于特定话题或事件的情感倾向和态度。根据情感分析结果，个人或组织可以采取相应的舆论引导策略，引导公众的情感和态度，影响舆论的走向和发展。大数据分析还可以帮助个人或组织识别和解决舆论危机，保护声誉和利益。可以发现潜在的舆论危机和声誉风险，及时采取措施进行危机公关和舆论引导，化解危机。例如，通过分析用户评论和舆论情绪，可以及时发现并处理负面信息和攻击，保护个人或组织的声誉和形象。

第二节　品牌口碑数据分析与管理

一、大数据在品牌口碑数据中的分析

（一）影响力分析

影响力分析是利用大数据技术对品牌口碑数据进行分析，识别出在口碑传播中具有影响力的用户或意见领袖，并分析他们的发言权和影响力程度。通过影响力分析，企业可以更好地了解谁在品牌口碑中发挥着重要作用，及时与他们进行沟通和合作，从而提升品牌的影响力和美誉度。影响力分析可以帮助企业识别出在品牌口碑中具有影响力的用户或意见领袖。通过分析社交媒体、在线论坛、用户评论等渠道的数据，可以发现那些经常参与品牌讨论、发表意见、引导话题的用户，他们往往是品牌口碑传播中的重要参与者和推动者。这些用户可能拥有较高的粉丝数量、社交影响力或专业知识，其发言和观点往往会对其他用户产生较强的说服力和影响力，影响品牌形象和口碑的形成。影响力分析可以分析影响力用户的发言权和影响力程度。通过分析影响力用户的社交网络关系、发言频率、发言内容等数据，可以了解他们在品牌口碑传播中的影响力大小和影响范围。例如，影响力用户可能拥有大量的粉丝或关注者，其发言往往会被广泛传播和转发；影响力用户的发言内容可能具有专业性和权威性，能够对其他用户产生较大的说服力和影响力。通过对影响力用户的发言权和影响力程度进行分析，企业可以更有针对性地与他们进行沟通和合作，提升品牌的影响力和美誉度。

影响力分析还可以发现品牌口碑中的关键节点和重要话题。通过分析品牌口碑数据，可以了解哪些话题和事件受到了用户的关注和讨论，形成了热点话题和舆论焦点。这些热点话题往往会吸引大量的用户参与和讨论，影响品牌的形象和口碑。通过发现关键节点和重要话题，企业可以及时了解用户的关注点和需求，采取相应的营销策略和沟通方式。影响力分析还可以帮助企业评估品牌口碑的整体状况和发展趋势。可以了解品牌口碑的正面和负面比例、用户情绪倾向、口碑传播速度等指标，评估品牌口碑的整体状况和发展趋势。这些数据可以帮助企业及时发现口碑问题和危机，采取措施进行修复和引导，保护品牌的声誉和利益。

（二）地域分布分析

地域分布分析在品牌口碑管理中扮演着至关重要的角色。通过大数据分析技术对品牌口碑数据进行地域分布分析，企业可以深入了解不同地区的口碑状况、消费者反馈情况以及地域间的差异特点，从而有针对性地进行地区性营销和服务优化，提升品牌在不同地区的市场影响力和竞争优势。地域分布分析可以帮助企业了解不同地区的口碑状况。通过分析不同地区的品牌口碑数据，企业可以了解不同地区对品牌的态度、评价和反馈，从而发现哪些地区的口碑较好，哪些地区的口碑较差。这些信息可以帮助企业及时发现口碑问题和危机，采取相应的措施进行修复和引导。

地域分布分析可以帮助企业发现地域间的差异和特点。不同地区的文化、经济、社会环境等因素都会影响消费者对品牌的态度和行为，导致地域口碑的差异。通过地域分布分析，企业可以发现不同地区的消费者偏好、购买习惯、需求特点等，了解地域间的差异和特点，为地区性营销和服务优化提供依据和参考。地域分布分析可以帮助企业进行地区性营销和服务优化。通过了解不同地区的消费者需求和偏好，企业可以针对性地制定地区性营销策略，推出符合当地市场需求的产品和服务，提高产品的市场适应性和竞争力。同时，企业还可以根据地域口碑的情况，进行地区性服务优化，改进服务质量，增强消费者对品牌的认可度和忠诚度。地域分布分析还可以帮助企业发现潜在的市场机会和发展空间。通过分析不同地区的市场规模、竞争格局、消费潜力等因素，企业可以发现潜在的市场机会和发展空间，制订相应的市场拓展策略和发展计划，实现品牌在不同地区的快速增长和发展。

（三）时间趋势分析

通过大数据技术对品牌口碑数据进行时间趋势分析，企业可以深入了解口碑在不同时间段的变化趋势和规律，发现口碑的变化原因和影响因素，从而及时调整品牌管理和营销策略，提升品牌在市场中的竞争力和影响力。时间趋势分析可以帮助企业了解口碑在不同时间段的变化趋势。通过分析品牌口碑数据在不同时间段（如小时、天、周、月、季度等）的变化情况，企业可以发现口碑的周期性变化和趋势性变化。例如，某品牌在周末可能会有更多的讨论和评论，而在节假日或促销活动期间口碑可能会呈现出更为活跃的态势。通过时间趋势分析，企业可以了解口碑在不同时间段的变化规律，为品牌管理和营销策略的调整提供依据和参考。

时间趋势分析可以帮助企业发现口碑变化的原因和影响因素。通过分析口碑数据和相关事件数据的关联性，企业可以发现口碑变化的原因和影响因素，了解何种因素会对口碑产生积极或消极的影响。例如，某品牌在推出新产品或举办促销活动后，口碑可能会出现明显的增长；而在出现产品质量问题或服务不佳的情况时，口碑可能会受到负面影响。企业可以深入了解口碑变化的原因和背后的影响因素，及时采取措施进行应对和调整。时间趋势分析还可以帮助企业进行口碑预测和趋势预测。通过建立时间序列模型或趋势预测模型，企业可以根据历史口碑数据和相关因素的变化趋势，预测未来口碑的发展趋势和变化方向。这样，企业可以提前制定相应的品牌管理和营销策略，及时应对口碑变化带来的挑战和机遇，保持品牌在市场中的竞争优势。时间趋势分析还可以帮助企业评估品牌口碑管理的效果和成效。通过比较不同时间段口碑数据的变化情况，企业可以评估品牌口碑管理策略的效果和成效，了解品牌口碑管理工作的进展和改进方向。这样，企业可以根据评估结果对口碑管理策略进行调整和优化，进一步提升品牌在市场中的竞争力和影响力。

二、大数据在品牌口碑数据中的管理

大数据在品牌口碑数据中的管理是品牌营销和品牌建设中至关重要的一环。通过大数据管理，企业可以设定和监控关键的口碑指标，如口碑积极度、关注度、参与度等，从而及时发现口碑变化的趋势和规律，评估口碑管理的效果，以及调整策略和措施，以保持品牌的良好声誉和市场竞争力。大数据管理可以帮助企业设定关键的口碑指标。这些口碑指标可以包括口碑的数量、质量、积极度、负面评论比例、参与度等。通过设定这些关键指标，企业可以清晰地了解口碑管理的目标和要求，为口碑数据的收集、分析和管理提供指导和依据。

大数据管理可以帮助企业监控口碑数据的变化。企业可以实时监控各种口碑数据，包括社交媒体评论、用户评价、新闻报道等，及时发现口碑变化的趋势和规律。例如，企业可以通过监控社交媒体平台上的品牌提及量和情感倾向，了解用户对品牌的态度和情感，从而及时发现口碑的正面或负面变化，并采取相应的措施进行应对。大数据管理可以帮助企业评估口碑管理的效果。通过对口碑数据的分析和比较，企业可以评估口碑管理策略和措施的有效性和成效，了解口碑管理工作的进展和改进方向。例如，企业可以比较不同时间段口碑数据的变化情况，评估口碑管理策略的效果，发现口碑管理工作中存在的问题和不足之处，并采取相应的措施改进和优化。大数据管理可以帮助企业及时调整口碑管理策略和措施。通过对口碑数据的分析和监控，企业可以及时发现口碑变化的趋势和规律，从而及时调整口碑管理策略和措施。例如，企业可以根据口碑数据的变化情况，调整品牌传播策略、改进产品质量和服务质量，以提升口碑的积极度和质量，增强品牌的影响力和竞争优势。

第三节　大数据在品牌推广渠道选择与优化中的应用

一、大数据在品牌推广渠道选择中的应用

（一）渠道效果评估

渠道效果评估是品牌营销中至关重要的一环。大数据分析技术在品牌推广渠道选择中的应用可以帮助企业对不同推广渠道的效果进行全面评估和比较，从而优化资源

配置和投放策略，提高品牌的曝光度、知名度和销售转化率。大数据分析可以帮助企业实时监测各个推广渠道的关键指标。通过收集和分析各个推广渠道的数据，包括曝光量、点击率、转化率等指标，企业可以了解每个渠道的推广效果和表现情况。例如，企业可以分析不同广告平台、社交媒体平台、电商平台等渠道的点击量和转化量，了解用户在不同渠道上的行为和反应，从而及时调整投放策略和资源配置，提高推广效果和ROI。大数据分析可以帮助企业对不同推广渠道的效果进行比较和评估。通过对各个推广渠道的数据进行对比分析，企业可以发现各个渠道之间的差异和特点，了解哪些渠道适合自己的品牌和产品，哪些渠道具有更高的投资回报率和转化率。例如，企业可以比较不同广告投放渠道的点击率和转化率，找出效果较好的渠道，并增加投放预算；同时，也可以淘汰效果较差的渠道，节省资源和成本。

大数据分析可以帮助企业发现推广渠道之间的关联性和影响因素。通过分析推广渠道数据之间的相关性和影响因素，企业可以了解不同渠道之间的互动关系和影响程度，发现哪些因素对推广效果和转化率具有重要影响。例如，企业可以分析用户在不同渠道上的行为轨迹和转化路径，了解用户的购买决策过程和关键因素，从而优化渠道布局和整合营销策略，提高整体推广效果和销售转化率。大数据分析可以帮助企业进行推广渠道选择和优化。通过综合分析各个推广渠道的效果和影响因素，企业可以制订相应的推广策略和计划，选择适合自己品牌和产品的推广渠道，并不断优化和调整推广策略，以提高推广效果和ROI。例如，企业可以根据目标受众的特征和行为习惯，选择适合的推广渠道和内容形式，提高目标受众的关注度和参与度，增加销售转化率和客户满意度。

（二）内容互动分析

内容互动分析在品牌推广渠道选择中扮演着至关重要的角色。企业可以深入了解不同推广渠道上用户的互动和参与情况，从而优化推广内容和形式，提高用户参与度和互动效果，实现品牌与用户之间的有效沟通和互动。大数据分析可以帮助企业了解用户在不同推广渠道上的阅读量、评论量、分享量等数据。通过收集和分析用户在各个推广渠道上的互动数据，企业可以了解用户对不同内容和形式的反馈和兴趣，为品牌推广内容的优化和个性化定制提供依据和参考。例如，企业可以通过分析用户在社交媒体平台上的评论和分享数据，了解用户对品牌内容的态度和情感，发现用户的关注点和热点话题，从而调整推广内容和形式，提高用户的参与度和互动效果。大数据分析可以帮助企业发现用户的行为模式和互动路径。通过分析用户在不同推广渠道上的行为数据和互动轨迹，企业可以了解用户的行为模式和参与路径，发现用户的偏好和习惯，为品牌推广策略的优化和调整提供指导和依据。例如，企业可以通过分析用户在电商平台上的浏览和购买数据，了解用户的购物偏好和消费习惯，为品牌推广活动的定向投放和个性化推荐提供支持。

大数据分析可以帮助企业实现跨渠道的内容互动和整合营销。通过整合不同推广渠道上的互动数据和用户反馈，企业可以实现跨渠道的内容互动和用户参与，促进用户在不同平台上的互动和转化。例如，企业可以通过将社交媒体平台上的用户评论和反馈整合到品牌官方网站或应用程序中，实现用户在不同渠道上的互动和参与，提高用户的黏性和忠诚度。大数据分析可以帮助企业评估内容互动的效果和成效。通过分析用户在不同推广渠道上的互动数据和参与情况，企业可以评估内容互动的效果和成效，了解用户对品牌推广内容的反馈和互动情况，发现推广策略的优势和不足之处，及时调整和优化推广策略，提高内容互动的效果和参与度。例如，企业可以通过分析用户在社交媒体平台上的点赞、评论和转发数据，评估推广内容的受欢迎程度和影响力，发现用户的喜好和需求，为品牌推广策略的优化和调整提供依据和参考。

二、大数据在品牌推广渠道优化中的应用

(一) 投放时机优化

投放时机优化在品牌推广中是至关重要的一环。大数据分析技术在品牌推广渠道优化中的应用可以帮助企业确定最佳的推广投放时机，从而提高推广效果和曝光率，实现品牌与用户之间的有效连接和沟通。大数据分析可以帮助企业了解用户在不同时间段的活跃度和行为规律。通过收集和分析用户在各个推广渠道上的行为数据，包括浏览量、点击量、转化量等指标，企业可以了解用户在不同时间段的活跃度和行为规律，发现用户的上网习惯和使用特点，从而确定最佳的推广投放时机。例如，企业可

以通过分析用户在社交媒体平台上的活跃时间和互动频率，了解用户在不同时间段的在线时间和互动行为，选择最佳的推广投放时机，提高推广效果和曝光率。大数据分析可以帮助企业发现推广投放时机的关键影响因素。通过分析用户在不同时间段的行为数据和互动轨迹，企业可以发现用户的活跃度和行为规律受到哪些因素的影响，了解用户的生活和工作习惯，从而确定推广投放时机的关键影响因素。例如，企业可以通过分析用户在节假日或特定事件发生时的行为数据，了解用户在这些特殊时期的活跃度和参与度。

大数据分析可以帮助企业实现跨渠道的推广投放和整合营销。通过整合不同推广渠道上的用户行为数据和互动轨迹，企业可以实现跨渠道的推广投放和用户连接，实现品牌在不同平台上的全方位曝光和传播。例如，企业可以通过整合社交媒体、搜索引擎、电子邮件等多种推广渠道上的用户行为数据，了解用户的行为模式和互动路径，选择最佳的推广投放时机和方式，实现品牌与用户之间的有效连接和互动。例如，企业可以通过分析不同时间段推广投放的点击量和转化量，评估推广投放时机效果和成效，发现最佳的推广投放时机，提高品牌的曝光度和市场竞争力。

（二）预测和优化

预测和优化是品牌推广渠道优化中的关键步骤，而大数据分析技术在这方面发挥着重要作用。企业可以利用历史数据和趋势来预测推广活动的效果和趋势，并根据这些预测结果来优化推广策略和资源配置，以提高推广效果和投资回报率。大数据分析可以帮助企业建立预测模型。通过收集和整理大量的历史推广数据，包括推广活动的投放渠道、内容、时长、受众群体等信息，企业可以利用大数据分析技术建立预测模型，通过数据挖掘、机器学习等技术发现数据之间的关联性和规律性，从而预测不同推广策略和投放方案的效果。例如，企业可以利用历史推广数据来建立点击率、转化率等预测模型，预测不同推广渠道和内容对用户行为的影响，从而指导推广活动的优化和调整。大数据分析可以帮助企业预测推广活动的效果和趋势。利用建立的预测模型对新的推广活动进行预测分析，企业可以预测推广活动在不同推广渠道和时间段的效果和趋势，了解推广活动的潜在影响和可能的结果，为推广策略的制定和调整提供参考和依据。例如，企业可以利用预测模型来预测不同广告投放方案的点击量、转化量等指标，了解不同投放方案对用户行为的影响，从而选择合适的推广策略和资源配置方案。

　　大数据分析可以帮助企业优化推广策略和资源配置。通过分析预测结果和实际数据，企业可以了解推广活动的实际效果和趋势，发现推广策略和投放方案中存在的问题和不足之处，提高推广效果和投资回报率。例如，企业可以根据预测结果和实际数据来调整广告投放的时间段、内容和受众群体，优化推广活动的效果和效率。大数据分析可以帮助企业进行推广活动的监测和评估。通过实时监测推广活动的效果和趋势，企业可以及时发现推广活动中存在的问题和风险，提高推广活动的效果和投资回报率。例如，企业可以利用大数据分析技术对推广活动的实时数据进行监测和分析，发现推广活动中存在的问题和改进空间，及时调整推广策略和投放方案，提高推广效果和市场竞争力。

参考文献

［1］董笑尘．比亚迪新能源汽车济南市场营销策略研究［D］．昆明：昆明理工大学，2021．

［2］赵东生，张荣荣，黄晓明，等．基于数据挖掘技术的区块链数据推荐算法［J］．自动化与仪器仪表，2024，（04）：67-70，75．

［3］豆利，何智勇．基于Apriori优化的大数据挖掘技术研究［J］．安阳师范学院学报，2024，26（02）：24-28．

［4］王丽丽．大数据背景下数据挖掘技术的应用［J］．计算机与网络，2021，47（20）：45-47．

［5］曹凤芹．企业市场营销中数据挖掘技术的应用研究［J］．营销界，2020，（47）：49-50．

［6］李若川．大数据环境下技术创新管理方法研究［J］．科技视界，2019，（33）：255-256．

［7］张艺馨．大数据下数据挖掘技术的应用研究［J］．数字技术与应用，2019，37（03）：56-57．

［8］刘昌贤．大数据时代的数据挖掘技术与应用［J］．智库时代，2019，（03）：1，3．

［9］程倩．大数据时代下数据挖掘技术应用浅议［J］．黑河学院学报，2018，9（05）：209-210．

［10］秦景然．数据挖掘技术在企业市场营销中的应用［J］．今日财富，2018，（14）：174，176．

［11］中野木子．社交媒体数据在汽车营销中的应用［J］．营销界，2024，（05）：68-70．

［12］周传婷．大数据分析与挖掘在社交媒体中的应用研究［J］．中国信息化，2023，
（11）：111-112.

［13］王凯．社交媒体用户交互行为建模与推荐应用研究［D］．武汉：武汉大学，2019.

［14］刘予飞．社交媒体中用户影响力挖掘［D］．南京：南京航空航天大学，2018.

［15］龙晶．大数据在企业数字化运营中的创造与实现［J］．云端，2024，（21）：112-114.

［16］杨银娟．大数据在企业内控风险识别与应对中的应用［J］．商场现代化，2024，（11）：145-148.

［17］丁彩红．大数据背景下敏感个人信息刑法保护［J］．中国价格监管与反垄断，2024，（05）：83-85.

［18］刘志鹏，杨德祥．数字化背景下零售企业供应链建设现状及优化路径［J］．长春师范大学学报，2024，43（05）：60-63.

［19］陈静．探究大数据背景下企业内部控制体系［J］．商场现代化，2024，（10）：119-121.

［20］陆玉婵，周全强，钟佳原，等．大数据背景下抖音直播平台的营销策略研究［J］．老字号品牌营销，2024，（09）：9-11.